끝내, 당신은 뭐든 해낼 겁니다

모든 편견과 걱정을
꿋꿋이 이겨내고 있는 당신에게

메리아빈(김아빈) 지음

끝내, 당신은 뭐든 해낼 겁니다

M mindset

프롤로그 · 8

Part 1

**열일곱,
나는 부자가
되고 싶었다**

17살에 느껴버린 세상의 현실 · 16

나를 가난하게 만들었던 것들 · 22

경제적 자유? 나도 할 수 있을 것 같아 · 28

열정만 많았던 과거의 나 · 33

부자 되기 실패 · 37

포기하지 않는 것 · 42

실수를 만회하는 법 · 46

유행은 우리가 만든다 · 54

Part 2

**스물둘,
결국 연 매출
10억을 찍다**

돈이 나를 찾아오는 삶 · 60

왜 하루는 24시간밖에 없을까 · 65

일만 열심히 한다고 되는 게 아니다 · 72

자신과 사업을 똑같이 브랜딩하라 · 76

말하는 대로 이루어진다 · 80

매출과 정산일의 굴레 · 84

Part 3

온라인 쇼핑몰 정말 누구든지 할 수 있다

온라인 쇼핑몰은 사실 레드오션이 아니다 · 90

온라인 사업을 준비하기 위해 필요한 것 · 95

판매할 제품에 대한 충분한 지식 · 105

판매할 제품 소싱하기 · 108

구매를 부르는 제품 사진 촬영 · 120

입점할 수 있는 플랫폼은 차고 넘친다 · 125

10년차만 알려줄 수 있는 쇼핑몰 꿀팁 · 131

국내 고객에 한정되지 마라 · 141

고객이 주는 모든 것은 피드백이다 · 146

Part 4

이걸 알면 절대 실패할 수 없다

장사가 잘되도 가난한 이유 · 152

무작정 광고하지 말자 · 155

세금 폭탄을 조심하라 · 163

자체 브랜딩의 중요성 · 168

내가 좋아하는 것을 팔지 마라 · 172

SNS 활용은 선택이 아닌 필수 · 175

Part 5

**사업을
시작했다면**

당신은 아직 돈을 벌지 못했다 · 182

당신은 생각보다 바쁘지 않다 · 187

쇼핑몰은 단지 판매만 하는 게 아니다 · 193

진성 고객 확보하는 법 · 200

주문량이 많아지면 필요해지는 것 · 204

무리한 확장은 폐업의 지름길 · 208

직원은 회사의 자산(asset)이다 · 214

쇼핑몰, 1개만 할 필요 없다 · 217

Part 6

**쇼핑몰
다마고치**

2030 여성의류 쇼핑몰 러*** 대표님 이야기 · 222

1020 여성의류 쇼핑몰 제** 대표님 이야기 · 229

30대 남성의류 쇼핑몰 오**** 대표님 이야기 · 233

에필로그 · 237

믿기 힘든 사람도 있겠지만 나는 아주 어릴 적부터 부자가 되고 싶어 했다. 막연히 돈이 곧 살아가는 목적이고, 모든 사람이 돈을 벌기 위해 열심히 살고 있을 거라 생각했다.

우리 가족도 열심히 살았다. 그러면서 내가 원하는 건 뭐든 사주셨고, 내가 하고 싶어 하는 일도 뭐든 하게 해주셨다. 나는 자연스레 우리 집이 부자라고 생각하게 됐고, 나도 어른이 되어 '열심히 살기만' 하면 부자가 될 거라 믿게 됐다.

그러나 초등학교 고학년이 될 무렵 나는 현실을 직시하게 됐다. 학교에서 가정 실태조사를 한 날이었다. 말만 실태조사지 실제로는 가정 형편에 대한 호구조사라 해도 과언이 아니었다.

작성하라고 준 설문지 안에는 부모의 유무, 부모의 학력, 주택 유형, 주거 형태, 집의 실소유자, 가전제품 목록, 심지어 부모의 연봉까지도 적게 되어 있었다. 그때까지만 해도 난 어른이면 누구나 돈도 많고 부자일 거라고 생각해왔던 듯하다. 그러나 작성한 설문지를 친구들끼리 나눠 보면서 저마다 다른 생활환경 속에서 살고 있음을 깨닫게 됐다.

"A는 엄마가 없대."
"B네 가족은 아파트에 산다더라?"
"C네 집에는 에어컨도 없던데."
"D가 사는 집은 50평이나 된대!"

나는 상가 주택에서 할머니, 할아버지와 살고 있었고, 그렇기에 '부모의 연봉'을 적는 칸에는 쓸 말이 없었다. 설문지를 제출하고 난 어느 날, 담임선생님이 날 부르더니 "아빈이네는 저소득층이라서 무료 급식을 신청할 수 있어."라고 말했다.

저소득층이라니? 처음 듣는 말이었다. 게다가 급식을 무료로 줄 정도로 우리 집이 가난하다고?

이렇게 생겨난 우리 집 형편에 대한 궁금증은 얼마 안 가 해결됐다. 가족들이 돈 이야기 하는 걸 우연히 듣게 된 것이다.

"이건 비싸서 못 사."

"지금은 돈이 없어."

"없는 형편에 무리해서 아빈이한테 해주고 있는 거지."

현실을 직시하기에 아직 어렸던 그 나이에, 나는 '우리 집은 가난한 집, 나는 가난한 아이'라는 사실을 깨닫고 말았다.

잘사는 집 친구들은 깨끗하고 넓은 아파트에서 살았고, 학교가 끝나면 번쩍거리는 세단을 타고 돌아갔다. 가족의 사업이 성공해서 서울로 이사도 가는 아이들도 있었다. 그런 모습들을 보면서 내 안에는 서서히 이런 마음이 자라났다.

'나도 저렇게 살고 싶다. 어차피 저런 집 아이로 태어나지 못한 거, 그럼 나는 저런 세단을 끄는 사람이 되어야지. 저런 아파트를 가진 사람이 되어야지.'

그런 생각을 하면서 중학교에 올라갔고, 내 청소년 시절의 목표는 몸은 가족과 함께 살더라도 경제적으로는 독립할 만한 재력을 갖추는 것이 되었다. 그 무렵엔 TV나 라디오에 나오는 눈에 띄는 사람들도, 잘사는 내 친구들의 아버지도 모두 '사장님' 밖에 없었는데, 그러다 보니 사장이 되어야 부자가 될 수 있을 거라 어렴풋이 생각하게 됐다. 나는 자연히 사업이 정답이라 생각하고 꿈을 찾으려 했다. 나이도 어리고 가진 것도 전혀 없었던 난 우선 내가 잘할 수 있는 것 또는 좋아하는 것을 발견해보기로 했다.

그러나 현실적으로 따져보니 세상은 각박하기만 했다. 어른들은 돈을 벌려면 공부해서 좋은 대학교에 들어가야 한다고들 했다. 하지만 그렇게 졸업해 대기업이나 괜찮은 중소기업에 취업해봤자 생활비를 제외하면 아주 적은 금액만 겨우 저금할 수 있을 뿐이었다. 그 정도로는 사업할 자금을 모을 수도 없고, 사장으로 살아갈 미래를 꿈꿀 수도 없었다.

이런 현실에 부딪혔을 무렵 아버지가 이런 말씀을 하셨다.

"아드레날린이 솟구치는 일을 찾아. 그 일이 무엇이든, 그게 바로 네 재능이야."

고등학교에 입학한 나는 좋아하는 일을 하며 많은 돈을 벌려면 뭘 해야 할까 고민하기 시작했다. 그리고 꾸미는 일에 흥미를 느끼면서 살아가는 데 필수적인 '의식주' 중 하나인 의衣, 의류 사업을 하는 게 내게 적합한 진로라는 결론을 내렸다.

나는 친구와 함께 무작정 쇼핑몰을 차렸다. 꿈은 원대했지만 일은 마음처럼 쉽지 않았다. 주문도 거의 없었고 운영자금도 점점 떨어져갔다. 할머니께서 내 꿈을 응원해주시려고 백만 원이나 되는 큰돈을 주신 적도 있었지만, 현실적으로 말하자면 고작 몇 달을 버티기에도 턱없이 부족한 금액이었다.

나는 쇼핑몰에 자금을 대기 위해 할 수 있는 일은 뭐든지 다 하기 시작했다. 다른 쇼핑몰에 올라갈 사진을 보정해주는 일, 전자책을 타이핑하는 일, 제품을 업데이트하는 일, 상세페이지를 디자인하는 일……. 하교 후 집에서 할 수 있는 온갖 부업이며 아르바이트는 모조리 해가며 4년을 매일같이, 하루에 총 17시간씩 일만 해서 돈을 벌었다. 그렇게 번 돈은 개인적으로 단 한 푼도 쓰지 않고 전부 쇼핑몰에 투자했다.

그리고 22살, 사업을 시작한 지 5년째가 됐을 때 쇼핑몰은 연 매출 10억 원을 달성했고, 나는 쇼핑몰을 법인사업자로 전환했다. 현재는 그간의 부업 경험을 살려 다양한 사업을 이끌고 있고, 그렇게 이끈 사업 중 몇 개는 좋은 금액에 매각하기도 했다.

*

나처럼 겁 없이 쇼핑몰을 시작한 뒤, 나와 비슷한 어려움 때문에 중간에 포기하는 사람들을 참 많이 봤다. 안타까웠다. 어린 시절의 객기로 버텼던 내 사업도 이만큼 성장했는데, 나보다 더 많은 지식과 경험, 인사이트를 가진 어른들이 왜 쉽게 포기를 하는 걸까? 고민 끝에 나는 쇼핑몰 정보를 공유하는 유튜브 프로N잡러 메리아빈 채널을 개설함과 동시에 쇼핑몰 창업 컨설턴트가 되었다.

나는 먹고 싶은 게 생기거나 갖고 싶은 걸 발견하면 가격을 보지 않고 사게 되었고, (취향의 이유로 비록 검은색 세단은 아니었지만) 23살에는 차도 갖게 됐다. 거기까지 딱 5년이 걸렸다. 그리고 현재는 26살, 사업 9년차다.

나 같은 경우는 처음 시작할 때 아무것도 몰랐기에 허공에 노 젓기만 4년을 했는데, 제대로 알고 시작하는 사람이라면 이 기간을 훨씬 짧게 단축시킬 수 있을 것이다. 그럼에도 우리 사회에는 우선 회사에 취업해 고정적으로 수업이 들어와야 뭐든 시작할 수 있다는 편견이 있다. 그 뒤 사업을 하려면 무언가 그때까지 하던 것을 '그만두고' 시작해야 한다는 생각들을 하곤 한다. 어떻게 보면 사업을 시작하려면 그만둘 수 있는 무언가가 필요하다는 얘기처럼 들리기도 한다. 그리고 의외로 많은 사람들이 사업 자체를 '사치'처럼 느끼고 있는 것 같기도 하다.

하지만 나는 그 모든 편견과 정반대의 길을 걸어왔다. 회사에 취업한 적도 없고, 새로운 무언가를 하기 위해 하던 일을 그만둔 적도 없다. 사업을 한다는 건 내게 사치스러운 취미가 아니었다. 단지 나는 좋아하는 일로 돈을 벌고 싶을 뿐이었고, 그러기 위해 치열하게 노력했으며, 그에 걸맞은 결과를 이루어냈다.

어째서 돈을 벌기 위해 하고 싶지도 않은 일로 그 많은 시간을 허비하면서, 정작 좋아하면서 돈이 되는 일은 하려고 들지 않는 걸까?

만약 여러분이 '나도 될까?' '늦지 않았을까?' 또는 '너무 어린 나이가 아닐까?'라고 생각하고 이 책을 펼쳤다면. 그 모든 질문에 대한 내 대답은 딱 하나다.

"당신도 얼마든지 가능하다!"

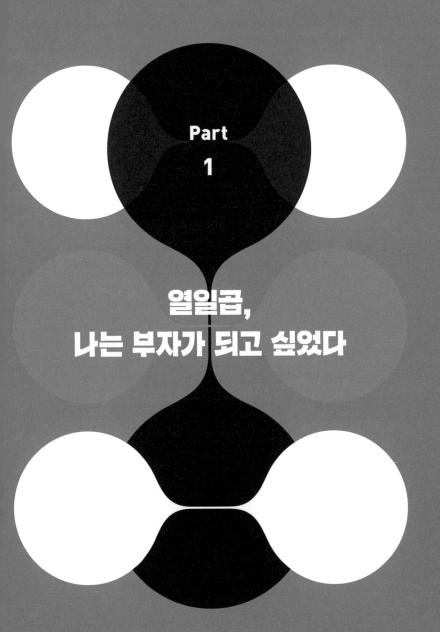

Part
1

열일곱,
나는 부자가 되고 싶었다

17살에 느껴버린
세상의 현실

　남들처럼 평범하게 대학에 진학한 뒤 중소기업에 들어가 회사원으로 일하는 것이 옳은 삶이라고 생각한 적도 있다. 온갖 조기교육을 받으면서도 공부를 전혀 안 해 결국 특성화고등학교 디자인과에 진학하기 전에는 말이다.

　내가 다닌 학교는 취업 교육을 전문으로 하는 공업고등학교로, 한 교실 안에는 두 부류의 친구들이 있었다. 한쪽은 대학 진학을 위해 공부하는 친구들, 다른 한쪽은 취업을 위해 자격증을 모으는 친구들. 난 그 사이에서 늘 고민했다.

　대학에 진학한 선배들은 지방대 졸업 후 중소기업에 취직해 쥐꼬리만 한 월급으로 살아가며 밥 먹듯이 이직을 했고, 디자인 전문직으로 취업한 선배들은 잠도 제대로 못 자고 일에 시달리며 열정페이를 강요받았다. 나는 둘 중 어느 쪽의 삶도 선택하고 싶지 않았다.

게다가 직업을 고민할 때면 보통 안정적인 수입을 원하는 부모님의 압박을 받기 마련인데, 전혀 다른 시대를 살아가며 많은 돈을 벌고자 하는 내가 그런 사고방식을 따를 이유는 없다고 생각했다. 부모님의 시대였다면 안정적인 공무원이 최고였겠지만 그런 시절은 이미 지났고, 우리는 현시대의 눈으로 세상을 바라봐야 한다고 믿었다.

그 당시 아버지와 고모가 동대문에서 의류 도매업을 하고 계셨는데, 자연히 옷에 관심이 갈 수밖에 없는 환경에서 자란 터라 나도 옷 파는 데 즐거움을 느낄 수 있을 것 같았다. 그래서 결심했다.

"그래, 나도 옷을 한번 팔아보자!"

하지만 사실 난 걸려오는 전화도 잘 못 받고 카페에서 메뉴를 주문하는 것조차 어려워할 정도로 소심한 성격이었다. 그러다 보니 자라면서도 집에 틀어박혀 있는 시간이 점점 길어졌고, 학창시절의 유일한 낙은 G마켓이나 인터파크 같은 인터넷 쇼핑몰에서 옷을 구경하는 것뿐이었다. 판매하는 옷들을 구경하다 보니 이런 생각이 들었다.

'이렇게 사람을 직접 상대하지 않고 인터넷을 통해 장사한다면, 소극적인 나도 잘할 수 있지 않을까?'

그렇게 내 스스로의 의지로 무언가를 하겠다고 제대로 마음먹은 게 17살이 되던 해 1월이었다.

쇼핑몰을 하겠다고 결심했지만 그 나이에 매일 밤 동대문으로 출퇴근할 수도 없는 노릇이었고, 아직 학생인 내가 쇼핑몰을 차리겠다고 하면 온 가족이 반대할 게 뻔했다. 고민하던 중 마침 가장 친했던 친구가 자신도 옷을 팔고 싶은데 같이 해보면 어떻겠냐고 물어왔다. 나와 스타일이 비슷하다고 생각해왔던 친구였다. 나는 흔쾌히 승낙하고 각자의 부모님에게 허락도 받아냈다. 허락을 받기 전에는 걱정도 컸지만 가족들은 예상 외로 긍정적으로 반응을 보이며 지원해줬다.

친구와 나는 단돈 200만 원으로 의류 쇼핑몰을 차렸다. 하지만 학생 신분으로 사업을 하는 건 정말 어려운 일이었다. 체크카드 발급 같은 아주 사소한 일도 우리의 발목을 잡았다. 지금이야 청소년도 본인이 원하면 쉽게 체크카드를 만들 수 있지만, 당시엔 평일 은행 업무시간에 부모와 함께 지점을 방문해 발급을 받아야 했다. 한 명은 학교를 조퇴하고 부모님과 카드 발급만 하면 됐지만, 다른 한 명은 사업자등록증부터 시작해서 모든 서류를 부모님과 함께 동행해 수령해야 했다. 이런 절차에만 몇 달을 소요한 끝에 우리는 간신히 사업을 시작할 구색을 갖췄다.

장사를 시작했을 당시에는 입점형 쇼핑몰이 한창 블루오션이 었다. 오픈마켓에 티셔츠 상세 사진만 올려둬도 무조건 팔리던 때였다. 하지만 우리는 자사몰로 시작했기에 '다 같은 옷을 팔아도 독특한 분위기로 시작하면 훨씬 경쟁력 있지 않을까?' 생각했다.

우리가 떠올린 아이디어는 옷 사진을 특색 있게 찍어 올리는 것이었다. 친구와 나는 주말이 되면 이른 아침부터 한낮까지, 사람이 없는 갈대밭이나 하천, 폐공장, 재개발구역을 찾아가 사진을 찍었다. 사진기는 할아버지의 오래된 취미용 DSLR을 빌렸다.

어설프게나마 룩북 형식으로 촬영을 하고, 매일 밤 사진작업을 한 뒤에 업로드를 했다. 평일에는 새벽에만 운영하는 동대문 도매시장에 가기 위해 밤 11시 20분 막차를 타고 출발해 사입과 시장조사를 마친 뒤 새벽 4시 30분에 첫차를 타고 돌아와 한두 시간 쪽잠을 잔 뒤 학교에 갔다. 다행히 선생님들이 우리를 기특하게 여겨서 수업시간에 잠을 자거나 가끔 지각을 해도 봐주셨다.

그렇게 몇 개월 동안 홍보 한번 하지 않고, 팔리지도 않는 옷들을 업로드만 하면서 사입비로 100만 원 이상을 탕진했다. 뒤늦게 홍보의 중요성을 깨닫고 각자 사용하는 개인 SNS와 블로그에 홍보를 하기 시작했다. 그러고 나서야 비로소 실제 판매가 발생했다.

판매가 되는 방법이 SNS뿐이라 우리는 사진을 꾸준히 올렸는데, 요즘이야 그것을 '인플루언서'라 부르지만, 당시에는 그런 개념이 없어서 '페북스타' 또는 속된 말로 '관종관심종자'이라고 했다. 그렇다. 소심했던 나는 학교에서 뜻밖에 관종이 되어버렸고, 덕분에 사진을 올리면 물건이 잘 팔리게 되긴 했다.

사업한 지 6개월, 친구와 나 사이에는 업무 스타일의 차이로 인해 갖가지 트러블이 생겼고, 결국 우리는 동업을 청산하고 각자 쇼핑몰을 꾸리기로 했다. 그러나 내게서 투자금을 되돌려 받은 친구는 대학 진학을 선택했고, 나는 통장에 남은 70만 원으로 2개월의 재정비를 마쳐 다시 쇼핑몰에 도전했다.

친한 친구의 아이디어로 쇼핑몰 이름을 세련되게 바꾸고, 동업을 하진 않더라도 날 도와줄 친구를 4명이나 구했다. 그리고 SNS에 더욱더 많은 사진을 올리기 시작했다. 사람들에게 알려

끝내, 당신은 뭐든 해낼 겁니다

지기 위해 10kg 정도 몸무게를 감량한 뒤 다이어트 방법을 공유했고, 페이스북 친구도 계속 받아 한계치에 이를 지경이 됐다. 쇼핑몰을 알리려고 시작한 다이어트였지만, 그 덕에 스스로 자신감이 붙어서 내가 직접 모델을 한 피팅 컷과 스타일이 좋은 친구들의 사진으로 사이트를 채워나갔다.

서울 패션위크 같은 패션행사가 열리면 무조건 참석했고, 주말에는 내가 팔고 있는 옷으로 멋지게 코디를 한 뒤 아무런 일 정도 없으면서 가로수길을 활보했다. 패션 매거진의 '스트리스 패션 코너'에 실리기 위해서였다. 또한 여러 인플루언서들과 친분을 쌓고 네트워크 활동을 통해 패션 관련 인맥을 넓혔고, 외부에서 플리마켓이 열리면 먼 거리라도 셀러로 참석했다.

어느 순간 대표인 나 자신이 마케팅의 중요 요소가 된 이 쇼핑몰이 바로 지금의 '클로젯미'이다.

그때 내 나이는 아직 18살이었다.

나를 가난하게
만들었던 것들

　사업을 시작하고 많은 변화가 생겼다. 여러 이유로 항상 긴장한 상태였기에 밥을 먹어도 소화가 잘 안 됐고 어떤 일을 하기에 앞서 리스크부터 따지게 됐다. 그런 여러 가지 변화 중 날 심적으로나 경제적으로나 가난하게 만든 건 다른 사람의 시선, 일어나지 않은 일에 대한 걱정, '보여지는' 것들에 대한 집착이었다.

　활발히 SNS를 하고 있었지만 사실 활동량에 비해 매출은 크지 않았다. 내 쇼핑몰의 마케팅 요소는 전적으로 '나' 자신이었던 터라, 내 말 한마디 한마디가 쇼핑몰의 인상을 좌우했다. 어떤 일에 대해 화가 난 채로 글을 쓰면 곧장 '앤 인성이 별로네' '아직 너무 어린가 봐' 같은 댓글이 달리기 일쑤였다.

나뿐 아니라 모든 쇼핑몰 대표들이 다 비슷하게 살고 있지 않을까? 처음엔 그저 순수하게 쇼핑몰을 하고 싶다는 마음으로 시작했던 사람이 적어도 80%는 될 것이다. 내가 입고 싶은 옷을 내가 입고 판매까지 할 수 있다는 행복감은 쇼핑몰을 창업하는 원동력이 된다. 그러나 자연히 얼굴이 노출되고 SNS 팔로우가 늘어나다 보면 예상치 못한 일이 생기기 마련이다.

나 같은 경우는 학생 때 아직 미숙한 상태로 창업을 하다 보니 SNS 실수가 잦았다. 기분 안 좋은 일을 겪고 속마음을 그대로 올린다든지, 장사가 잘 된 날에 신이 나서 '주문 폭주 존나 좋다'라고 글을 쓴다든지 하는, 지금은 얼굴이 절로 붉어지는 잘못을 많이도 했다. 나의 그런 언행들은 캡처가 되어 여기저기에 올라갔고, 내 계정의 팔로우는 겨우 5만 명이었지만 인용되어 퍼질 영향력을 생각해 사과문까지 작성해 올려야 했다. 정작 내 또래라 문화가 비슷한 고객들은 별일 아니라며 신경도 쓰지 않던 일들이었다.

결국은 내 개인적인 생각이 전혀 드러나지 않게, 판매하는 의류 사진 위주로 게시글을 쓰게 됐다. 내가 학생이라는 점을 강조하는 '10대 창업가' '10대 대표'의 이미지를 유지할 수 있는 글, 여러 인플루언서들과 만나 어울리는 사진 같은 것만 올렸다. 나 자신을 브랜딩하는 게 쇼핑몰 브랜딩을 하는 데도 좋다고 생각한 건 이때부터였지만, 사실 그 방향이 옳았던 건 아니었다.

그때의 난, 나 자신만 유명해지면 된다고 생각했다. 쇼핑몰과 전혀 상관없는 다이어트 방법, 협찬받은 다이어트 제품의 후기, 메이크업과 헤어스타일 영상, 맛집과 카페 정보 공유 등으로 소통의 비중을 늘려가면서 팔로워를 점점 늘렸다. 하지만 그들을 내 고객으로 끌어드리지는 못했다.

사실 그들은 내게 있어서 단지 '김아빈'이라는 사람이 올리는 정보를 보여주고 싶은 유저에 불과했던 것이다. 그런 모습들은 학교 친구들에게도 동일하게 비춰질 수밖에 없었다. 날 관종이라 생각하는 아이들은 툭하면 내 행동을 두고 유난이라고 뒤로 욕을 했고, 나는 팔로워와 학교 친구들 양쪽의 눈치를 다 봐야만 했다.

'이런 글을 올리면 내 팔로워들은 좋아하겠지만, 학교 친구들은 나를 무시하지 않을까?'

'이렇게 게시글을 작성하면 내 팔로워들이 어떻게 생각할까?'

'오늘은 어떤 카페를 갔다고 추천을 해야 하지?'

눈에 보이는 사람들과 보이지 않는 사람들, 그 사이에서 너무 많은 생각을 하며 눈치를 보는 나 자신.

나는 그런 내 모습을 깨닫고 SNS를 지워버렸다. 예상치 못한 일에 무너져버린 난 이제 어떤 일을 시작하기도 전에 걱정부터 앞서 하게 됐다. 리스크를 먼저 계산하게 된 건 좋은 현상이었지만, 결과가 두려워 시작조차 하지 못하는 일이 너무 많이 생겼다. 더 이상 정보가 올라오지 않자 팔로워가 반 토막이 났고, 날 구독하던 고객 유저들을 놓치는 바람에 매출도 절반 이하로 하락했다.

나는 점점 위축되어갔다. 단지 스트레스 때문에 SNS를 삭제한 건 너무나도 충동적인 행동이었다.

사람들에게 '보여져야' 하는 쇼핑몰 대표의 모습은 무엇이었을까? 진정성 있고 근엄한 모습? 아니면 유쾌한 동시에 스마트한 모습? 성실하게 의류 사진만 꾸준히 홍보하는 모습?

정말 사소하고 별것 아닌 문제로 무료 마케팅 기회를 발로 차버린 셈이었다. 요즘에는 대표 본인이 마케팅의 요소가 되는 게 당연한 추세지만, 내가 창업했을 당시에는 쇼핑몰 대표의 개인 SNS 계정을 아는 것조차 쉬운 일이 아니었다. 잘만 했으면 '대표 브랜딩'으로 앞서갈 수 있었을 텐데, 지금 생각하면 많이 아쉽다.

사실 나 자신을 가장 많이 괴롭힌 건 나였다. 빨리 뭔가를 이뤄야 하는데, 남들이 봤을 때 그럴싸한 일을 하는 것처럼 비춰져야 하는데, 사업을 하니까 비싼 가방을 들고 비싼 음식을 먹어야 하는데, 늘 바쁜 것처럼 보여야 하는데, 똑똑해야 하는데. 온종일 그런 생각을 하며 스스로에게 압박을 주고 있었다. 형편에 맞지 않는 값비싼 물건으로 온몸을 두르고 다녀야 날 사업가로 인정해줄 거라 생각했다.

세상은 내게 별 관심이 없는데도 나는 혼자 돈 많은 사람처럼 보이기 위해서 애썼다. 그 어린 나이에 사람들이 원하는 사업가의 이미지만을 생각하며, 거기에 나를 억지로 끼워 맞췄던 것이다. 그렇게 무장을 하다 보니 내가 가진 것 이상으로 자만심이 높은 사람이 되어 있었다.

나 외엔 아무도 내 진정한 가치를 알 수 없을 터였다. 내가 자존감이 얼마나 낮고, 모르는 게 얼마나 많고, 가진 것이 얼마나 없는지. 그래서 그런 내 진짜 모습을 들키면 사람들이 등 돌리지 않을까 겁이 났다.

우리나라는 사업에 대한 사회적 시선이 지나치게 과장되어 있다. 도전을 한다는 것 자체에 과도한 기대를 걸고, 모든 걸 결과로 증명하길 바란다. 하지만 정작 그 과정에는 관심이 없다.

아직 제대로 성공하지도 않았는데 성공한 척하는 사람은 어떤 식으로든 티가 난다. 성공한 사람 흉내에 심취하게 되면 사회적으로는 이미 꽤 높은 위치에 있게 되기 때문에, 더 높이 올라갈 수 있는데도 불구하고 애써 노력하지 않게 된다.

그나마 나는 그런 내 행동이 틀렸다는 걸 그리 늦지 않게 깨달았다.

경제적 자유?
나도 할 수 있을 것 같아

기회는 기다린다고 저절로 오지 않는다. 스스로 나서서 적극적으로 움직여야 한다.

내가 사람들과 소통하지 않고 지낸 지 5개월 정도 되었을 때였다. 학교를 졸업하면서 눈치 볼 사람들도 없어지고, 매출은 몇 달째 바닥이고, 고객의 발길은 거의 끊겼다. 나는 이제라도 고졸 상태로 취업을 해야 하나 고민했다.

친구 중 이미 절반 이상이 대학을 다니고 있었고, 취업을 준비하는 친구들은 자격증을 수집하기 바빴다. 그런 모습들이 부럽기도 했다. 내가 결국 이겨내지 못했다는 후회, 미래에 대한 막연한 불안, 나에 대한 실망으로 매일 괴로웠다.

그러다가 나 같은 사람들이 또 있을까 싶어 유튜브를 보기 시작했는데, 알고리즘에 가장 많이 노출된 영상들은 모두 '경제적 자유'를 말하고 있었다. (항상 '돈 버는 법'만 검색했으니 당연한 일이다.)

난 그 단어에 꽂혔다.

경제적 자유!

가정 실태조사를 했던 초등학교 시절부터 내가 추구해오던 삶의 모토를 이미 많은 사람들이 이루어가고 있었다. 난 관련 영상을 하루에 5시간 넘게 시청했다. 아마 당시 올라온 경제적 자유에 대한 영상은 거의 다 보지 않았을까 싶다. 마음이 급하거나 원하는 게 생기면 머리가 아니라 손부터 움직인다던데, 나 역시 그랬다.

'좋아서 시작한 일이 왜 나를 힘들게 했을까? 살다 보면 좋은 기회가 몇 차례 온다던데, 혹시 그때가 지금은 아닐까?'

난 그렇게 생각하고 다시 시작해보기로 했다. 에고를 강조하던 사업 초반을 반성한 뒤 방향을 틀기로 결심했다. 다시 SNS를 개설했지만 이번엔 개인이 아닌 오피셜 계정이었다. 더 이상 실수를 하지 않기 위해서였다. 좋아하는 일이라 시작한 건 맞지만, 나는 이 일로 돈을 벌어야 했다. 그래야 경제적으로 자유로울 수 있으니까!

평일 오후, 명동으로 간 나는 통유리창으로 된 카페에 앉아 길거리에 돌아다니는 사람들의 옷을 3일 동안 6시간씩 관찰했다. 비슷비슷한 코트에 튀지 않는 룩을 많이 입고 있었다. 그 시간 동안 나는 깨달았다. 사람들이 정말 원하는 건 폐공장이나 갈대밭에서 촬영한 감성적인 의류가 아니구나, 일상생활에서 손에 잡히는 대로 쉽게 코디해도 위화감 없는 옷이구나.

그날 밤 할머니가 내 마음을 어떻게 아셨는지, 말을 꺼내지도 않았는데 갑자기 100만 원을 내어주셨다. 난 그 돈을 들고 바로 동대문으로 향했다. 그리고 무난한 의류와 러블리한 블라우스를 사입했다. 기존에는 감성적이고 빈티지한 의류를 팔았지만 이젠 데일리하고 러블리한 쇼핑몰로 전환하기로 마음먹었기 때문에 다른 쇼핑몰에서 파는 제품들도 전부 가져와서 팔아야 했다. 그리고 야외 촬영이 아닌 스튜디오 촬영으로, 폐공장이 아닌 예쁜 카페로, 찢어진 청바지가 아닌 스키니 위주로 업로드를 했다.

새로 연 SNS 오피셜 계정에도 새로운 고객이 많이 인입됐다. 당시 자사몰을 1개만 운영하고 있었기에 홍보 수단은 인스타그램과 블로그뿐이었는데, 인스타그램에는 업로드한 제품에 관한 게시글만 올렸고, 블로그에는 쇼핑몰 운영일지를 사진과 함께 일기장처럼 올렸다.

쇼핑몰을 운영하기 전 내가 가장 궁금했던 건 쇼핑몰 대표와 직원들의 일상, 그리고 촬영 스토리였다. 그래서 내 일상과 함께 '망원동 촬영일기' '건대 촬영일기' 등을 정보와 함께 올려 블로그를 채워나갔다. 그러자 나와 내 친구들의 사진을 본 새로운 고객들이 우리가 착용한 옷을 구매하기 위해 자사몰에 들어왔다.

인플루언서 협찬도 시작했다. 대표 브랜딩에 한번 쓴맛을 봤기에, 이번엔 의류 자체를 브랜딩하기로 했다. 나는 친했던 인플루언서들에게 협찬을 돌리며, 원하는 의류를 무료로 제공할 테니 사진 한두 장만 찍어 업로드해달라고 부탁했다.

폭발적 성장의 계기는 그런 매일을 성실히 이어나가던 어느 날 갑자기 찾아왔다. 내 눈에는 그리 예뻐 보이지 않던 비싼 코듀로이 소재 점퍼가 있었는데, 친구들의 반응이 좋기에 인플루언서 홍보를 시작했다. 그땐 많아 봐야 하루 전체 주문이 10박스 정도였던 시절이었는데, 갑자기 점퍼 주문이 폭주하더니, 그 옷 하나만으로 하루에 50박스씩 택배를 보내게 됐다.

협찬 마케팅의 효과를 본 나는 새로운 인플루언서들을 찾아가 다짜고짜 인스타그램 다이렉트로 코듀로이 점퍼를 협찬하겠다고 연락했다. 그리고 그때마다 판매가 올라가면서 매출이 빠르게 성장했다. 어느 순간 내 쇼핑몰을 포털사이트에 검색하면 연관 검색어로 점퍼의 제품명이 나란히 노출됐고, 겨울 시즌에만 그 옷을 3,000벌 넘게 판매하게 됐다. 결국 원단이 품절되는 바람에 더 이상 팔지 못하게 되었는데, 중고거래 플랫폼에서도 정가보다 비싸게 산다는 사람이 널릴 정도였다.

사업에 다시 도전한 지 5개월 만에 월 매출은 5,000만 원을 찍었고, 넘치는 물량과 업무량으로 직원도 새로 채용하고 사무실도 계약했다. 나는 마침내 경제적으로 자유를 얻었다고 생각했다.

열정만 많았던
과거의 나

매일같이 택배가 200박스 넘게 나가는 걸 보면서 돈방석에 앉은 것 같은 기분이 들었다. 앞으로 이렇게 일하기만 하면 꾸준히 성과를 낼 수 있을 것 같았다.

'어떻게 하면 돈을 더 많이 벌 수 있을까? 내가 경쟁 쇼핑몰들을 치고 올라갈 방법이 뭘까?'

매일 그런 고민에 밤잠을 설쳤다.

그런데 아무리 생각해도 내가 알던 경제적 자유는 이런 게 아니었다. 경제적으로 자유로우려면 일을 하지 않아도 돈이 들어와야 하고, 돈 때문에 걱정할 일이 있어서도 안 되는데, 왜 나는 여전히 일을 해야 할까?

어쨌든 일한 만큼 올라가는 매출을 생각하면 여기서 멈출 수는 없었다.

단순히 통장에 돈이 많은 게 경제적 자유가 아닐까 싶어서 저금과 절약에도 매달렸다. 나는 교회에 가는 주일을 빼고 주 6일을 오전 9시에 출근해서 오후 10시에 퇴근했다. 집에 와서는 노트북을 들고 앉아서 오전 5시까지 없는 일까지 만들어서 했다.

그리고 모든 것에 미숙했기에 일단 부딪혀봐야 한다고도 생각했다. '사입 삼촌판매자를 대신해 물건을 가져다주는 사람'을 고용하는 게 아까워서 일주일에 3일은 동대문에 직접 주문 건을 사입하러 나갔다. '신상 마켓동대문 의류를 모두 볼 수 있는 어플'이라는 온라인 사입 서비스가 있는데도 직접 눈으로 제품을 봐야 한다며, 그 무거운 20킬로그램짜리 사입 가방을 들고 새벽 내내 동대문 시장을 돌아다녔다.

업무량은 직원을 고용해야 할 만큼 많았는데도 내가 하는 게 확실하다고 생각해 택배 포장을 도와줄 친구 몇몇만 가끔 불렀다. 모델을 고용하면 될걸 그 비용을 아끼려고 나와 맞지도 않는 스타일의 옷을 직접 입어가며 모델 노릇까지 했다. 내가 파는 옷은 내가 제일 잘 안다고 핑계를 대면서 말이다.

카페24 호스팅서비스는 얼마의 수수료(월 9,900원)를 내면 연결한 계좌에서 자동으로 입금 확인을 할 수 있는데, 그 돈도 아까워서 은행 문자가 오면 밥 먹다 말고 어드민에 접속해 수동으로 입금을 확인했다.

　그러니 정작 집중해야 할 곳에는 제대로 집중할 수가 없었다. 상세페이지를 제작하는 일이 특히 그랬다. 애초에 꼼꼼하고 깔끔하게 만들어두면 더 많은 구매가 이루어졌을 텐데, 택배 업무와 문의전화 대응, 문의글을 받기에 급급해 집에 와 새벽 1~5시에 허겁지겁 만들곤 했다. 시간이 촉박하다 보니 경쟁 쇼핑몰에 비해 퀄리티가 떨어지는 건 당연했다.

　속도만 올리다 보니 의류 컬러가 실제와 전혀 맞지 않는 보정 방법을 택하거나, 상세페이지에 오타가 많은 건 물론이고, 사이즈를 기재하지 않거나 심지어 옵션을 누락하는 실수도 자주 했다. 스튜디오 비용이 아까워서 4시간은 대관해야 하는 양의 코디를 단 2시간에 끝내려고 스팀 다림질도 하지 않고 구겨진 상태로 촬영한 적도 많았다. 의류 단일 상세 컷을 촬영하려면 누끼 보드배경이 흰색인 큰 자석보드나 화이트 벽이 필요한데 그걸 돈 주고 사느니 포토샵으로 배경을 날리는 게 낫겠다 싶어, 어설픈 실력으로 흰 배경에 옷 사진을 붙여 넣었다.

　밀려 들어오는 문의글과 전화를 받으며 업데이트를 하다 보니, 원단의 혼용률 같은 꼭 필요한 정보나 상세 컷 자체를 누락하는 경우도 많았다. 요즘 표현으로 하자면 '코딩은 이상하게 됐지만 어쨌든 움직이지 않느냐'라는 말이 딱 어울리는 상황이었다.

게다가 소비자보호법을 전혀 공부를 하지 않은 터라 교환 및 환불이 가능한 화이트톤의 제품들도 단지 개봉을 했다는 이유로 반품을 받지 않았다. 문의가 너무 많아 결국 친구에게 CS 아르바이트를 부탁했는데, 그 까다로운 교환 및 반품 건들을 거절하느라 많이 힘들어했다.

매일 시장에서 물건을 직접 가져오다 보니 내가 조금만 늦게 도착해도 다른 쇼핑몰 사업 삼촌에게 제품을 넘겨주는 바람에 주문 건을 가져오지 못하는 일도 있었고, 갑자기 몸이 아픈 날에는 아예 나갈 수가 없어 물건을 놓치기도 했다. 배송이 늦다 보니 그로 인한 배송 전 주문 취소량도 많아졌다.

여기서 가장 큰 문제는 내가 잘못된 걸 전혀 인지하지 못했다는 것이었다.

끝내, 당신은 뭐든 해낼 겁니다

부자 되기
실패

    2년 정도 그렇게 정신없이 살다 보니 22살이 됐다. 바쁜 것엔 익숙해졌지만 그때까지도 난 내 인건비를 전혀 계산하지 않고 지냈다. 그나마 밤에는 남들처럼 잠이라도 자야겠다 싶어 네이버 '동대문 사입 정복 카페'에서 사입 삼촌을 고용한 것 하나가 달라진 점이었다. 2년 동안 그렇게 모은 돈이 약 5,000만 원 정도 됐다.

    하지만 여전히 지속되는 주문 취소와 클레임에 나와 친구들은 모두 스트레스를 받고 있었다. 그제야 나는 다른 쇼핑몰을 벤치마킹하기 시작했다. 알고 보니 지금까지 거절했던 반품 사유들은 모두 반품이 가능한 건이었다. 이 정도 규모의 업체들은 직원이 두세 명은 상주하는 게 기본이란 것도 알게 됐다.

매일같이 택배가 300~400박스씩 나갔지만 주문 취소율이 10% 이상, 반품률 또한 10%에 달했다. 재고를 쌓아두는 게 아까워 1:1 오더라고 명시해놓고 바로바로 사입을 했던 탓에 그날 물건이 공장에서 들어오지 않으면 배송이 적어도 이삼일은 지연됐고, 그로 인한 주문 취소도 생겼다.

인터넷 쇼핑몰의 최대 단점은 판매자가 올린 사진과 정보로만 구매할 수 있다는 건데, 속도에만 집중하느라 필요한 정보를 누락하는 바람에 반품되는 경우도 무척 많았다. 의류 컬러가 다르다든지, 상세 사이즈를 잘못 측정해 생긴 사이즈 미스라든지, 피팅한 사진이 부족해 고객이 받고 보니 핏이 다르다든지 하는 이유들이었다.

그리고 가장 큰 실수는 마진율을 전혀 생각하지 못했다는 점이었다. 다른 쇼핑몰에서 도매가의 1.5배씩 매겨 판매하는 걸 보고, '박리다매로 홍보해서 많이 팔자!'라고 생각하고는 1.4배로 가격을 책정했었다. 사람들은 단순히 내 쇼핑몰이 더 저렴해서 구매했던 것뿐이었고, 의류가 예뻐서 따로 찾아온 건 당연히 아니었다.

치명타는 세금 문제였다. 매출이 껑충 오른 시점에서 일반과세자로 전환을 했어야 했는데, 휴대폰 번호를 바꾼 뒤 국세청 홈택스에 등록해놓지 않았기에 문자 알림을 받지 못했다. 그런데도 매출 집계를 제대로 할 시간이 없어 내가 간이과세자라 착각한 채 매일 남는 금액을 대충 저금하며 지냈던 것이다.

어느 날 뭔가 잘못된 것 같은 기분에 가족과 근처 세무사 사무실을 찾아가 상담하고 나서야 사실을 알게 됐다. 난 3년 동안 운영하면서 매출 신고를 단 한 번도 하지 않았고, 심지어 부가세를 면제받기 위해 필요한 매입세금계산서나 택배봉투 같은 비품을 사면서 받아야 할 현금영수증도 모아두지 않았다.

이런 실수들은 나 같은 애만 할 거라고 당시엔 많이 자책했는데, 요즘 쇼핑몰 컨설팅을 하면서 들어보니 다른 사람들도 이런 경우가 많았다. 그 무렵 이미 매출이 월 8,000~9,000만 원 사이를 오가고 있었는데, 이 정도면 당연히 일반과세자도 아니고 법인사업자로 전환해도 무방한 규모였다.

그런데도 난 돈이 있으면 저축을 하거나, 친구들과 값비싼 음식을 사 먹거나, 출장을 핑계로 여행을 다녔다. 게다가 광고도 월 1,000만 원씩 돌리고 신상을 무지막지 사입해서 자금이 여유롭지 않았다. 신상 업데이트 양도 많고 타사보다 저렴한 데다 고객 확보도 어느 정도 된 쇼핑몰이니 매출이 오르는 건 당연한 일이었는데, 난 단지 주문량이 많다고 신나서 매주 신상을 300~400만 원씩 들여왔으니 남는 게 없는 건 당연한 일이었다.

모은 돈은 기껏해야 5,000만 원이 전부였는데, 그동안의 매입 증빙을 전혀 하지 못한 채로 신고한 가산세를 보니 매일 이자가 붙어서 몇천만 원이나 되는 세금이 체납되고 있었다.

내 개인 신용카드로는 한도가 부족해서 급한 대로 절반만 일시납부하고 나머지는 가족 명의의 카드로 할부 대리납부를 한 뒤, 매달 일정액씩 나누어 갚아나가기로 했다. 통장에는 쇼핑몰을 유지할 수 있는 최소자금 2,000만 원만 남겼다.

세무사는 내 쇼핑몰의 매출을 확인하고는 법인사업자로 전환해 종합소득세를 내지 않고 법인세를 내는 방법을 추천해줬다. 그렇게 갑작스럽게 법인사업자로 전환하게 됐다. 세금 폭탄을 맞고서 고작 2,000만 원 남은 자본금으로 법인사업자를 세운 내가 뭐가 대단하다고, 주변에서는 날 회장님 보듯이 봤다.

하지만 주문 들어온 것만 사입을 하기에도 카드 주문의 정산을 받기 전엔 자금이 턱없이 부족했고, 결국 개인 청약통장과 적금통장까지 털어 어떻게든 사업을 꾸려보려 했지만 이미 모은 돈과 자금까지 잃은 나는 또다시 실패하고 말았다. 모두 내 무지함으로 인한 결과였다.

엎친 데 덮친 격으로 바꾼 세무사가 직원들의 급여 신고를 제대로 해주지 않아 4대 보험료가 부분적으로 미납되고 있었다. 매출에 대한 기장도 맡겨두었는데, 매출이 적어 납부할 부가세가 없다는 말을 곧이곧대로 믿었다가 부가세가 몇백만 원이나 또 미납되어 그것도 한꺼번에 납부해야 했다.

사업한 지 고작 4년, 벌써 두 번째 실패였다. 이 길은 내 길이 아니라고 생각하고 포기하려고도 해봤다. 하지만 단단히 마음을 먹고 '내가 해봤으면 얼마나 해봤나' 하고, 다시 생각해보기로 했다. 내가 해본 게 전부 오답이었다면, 그걸 깨달은 지금 바로잡으면 되는 문제 아닐까?

포기하지
않는 것

성공한 사람들은 어째서 무슨 일을 해도 계속 성공을 이어가고, 실패한 사람들은 어째서 무슨 일을 해도 계속 실패할까? 나는 실패를 포기의 동의어라고 생각한다. 사람들은 자기도 모르게 '실패'에 초점을 맞추고 일을 시작한다.

'여기에 뛰어든 사람 중 몇 퍼센트는 망했대.'
'이걸 실패하면 다른 일을 하면 되지.'
'어차피 저 정도 수준으로 성공할 수는 없어.'

그러면서 실패해도 뼈저리게 반성하지 않고 오히려 실패하는

끝내, 당신은 뭐든 해낼 겁니다

게 당연하다는 듯이 쉽게 포기해버린다.

그렇다면 뭘 해도 성공하는 사람들은 어떻게 그 성공들을 이뤄냈을까? 정말 그들은 단 한 번도 실패해본 적이 없는 걸까?

아니다.

성공하는 이들은 단지 실패를 거듭하면서도 포기하지 않고 계속 배우며 다시 시작했던 것뿐이다. 실패한 경험을 반성하며 학습한 뒤 같은 실수를 반복하지 않고 새롭게 시도해가면서 자신에게 맞는 아이템을 찾아낸 것이다. '해보는 데까지 해보고 안 되면 포기'하는 게 아니라, 할 수 있는 정도 그 이상으로 계속 실패하고 시도하는 게 성공하는 사람들의 다른 점이다.

성공이란 실패를 통해 배운 것을 끊임없이 재시도한 끝에, 단 한 번의 실수도 하지 않고 만족하면서 계속 그 일을 이어가는 것이다. 그렇게 한 번 성공해보면 다음에는 어떤 일을 하든 계속 성공할 수밖에 없다. 온갖 실패로 습득한 지식이 있기 때문이다.

나는 노력했고, 실패했다. 그리고 역시 절대로 포기할 마음은 없다. 어떻게든 내 사업을 영위할 것이고, 난 그런 나 자신을 믿는다.

당장 통장에 돈이 없더라도 나에겐 무수한 고객 데이터가 있었다. 그것 하나만 붙들고 다시 일어서보기로 했다. 사업을 하다 보면 다양한 상황에 맞닥뜨리기 마련이고, 내가 겪은 일들이 도리어 기회가 될 수도 있다. 과거의 경험은 내게 많은 가르침과 깨달음을 주었다. 나는 이 상황을 이겨내기 위해 최선의 선택을 계속 하다 보면, 언젠가 미래가 풀릴 거라 생각했다.

그렇다면 지금 내가 직면한 문제, 즉 나의 고객들은 무엇을 원하는지, 내 쇼핑몰에 필요한 게 무엇인지를 찾아내기로 했다. 이제껏 할 수 없다고 생각했던 일들도 어쨌든 부딪히면 해낼 수 있었으니까, 이번에도 그럴 수 있을 거라 믿었다.

월 매출 0원에서 월 매출 9,000만 원이 되기까지 4년이 걸렸고, 실제로 매출 성장을 이룬 기간만 따지면 고작 2년이 걸린 셈이었다. 그럼 내가 저지른 실수를 바로잡으며 다시 일어서는 데는 1년 정도면 되지 않을까? 나는 오랜 고민 끝에 내 실수를 만회할 방법을 10가지 목록으로 만들었다.

1. 오늘 일은 오늘, 내일 일은 내일 하자

2. 신상 사입까지 사입 삼촌께 맡기자

3. 파트별로 필요한 직원을 두자

4. 상세페이지 안에서 모든 정보를 제공하자

5. 필요한 비품은 아끼지 말고 구매하자

6. 취소 및 반품의 이유를 파악하자

7. 마진율을 티 안 나게 올리자

8. 월 매출의 10%는 부가세니 다른 통장으로 빼두자

9. 사소한 것까지 현금영수증과 세금계산서를 다 받자

10. 아까운 게 아니다, 모든 자동화 시스템을 이용하자

실수를
만회하는 법

1. 오늘 일은 오늘, 내일 일은 내일 하자

앞서 말했듯이 난 아침 9시부터 밤 10시까지 일하고 거기에 더해 집에 와서 새벽 5시까지 일을 했다. 그런데 그럴 이유가 없다. 내일 할 일을 오늘 당겨서 한다고 매출이 오르는 것도 아니다. 하지만 나라에서 주 소정 근로시간을 괜히 정해주는 게 아니다. 당연히 대표자라고 더 많이 일할 이유도 없다.

오늘 할 일은 무조건 오늘 끝내고 나머지 시간은 자기계발하는 데에 사용하자. 자격증을 공부해도 좋고 세무적인 부분에 대해 깊이 알아보는 것도 좋다. 시간을 활용할 방법은 많으니 미래의 나에게 투자할 시간을 확보하자.

끝내, 당신은 뭐든 해낼 겁니다

2. 신상 사입까지 사입 삼촌께 맡기자

사람은 밤에 잠을 자야 한다. '신상 마켓'이나 '링크 샵스' '셀업' 같은 사입 앱을 놔두고 굳이 새벽에 시장에 직접 가서 옷을 볼 필요는 없다. 매장들의 퀄리티는 진행하면서 파악이 되고, 시장조사는 분기별로 1번씩만 가도 유행 흐름을 한 번에 파악할 수 있다.

원하는 신상이 있으면 앱에 검색해보고 거래 매장 위주로 리스트업한 다음, 마음에 드는 옷이 없으면 새로운 거래처의 옷을 사입하자. 앱으로 의류를 보고 사입 삼촌에게 당일 밤에 주문을 넣자. 다음 날 아침에 빠르게 가져다주신다.

3. 파트별로 필요한 직원을 두자

모든 일을 대표자가 다 하는 모습을 보이거나 직원보다 대표자가 일을 더 잘할 경우, 직원들은 대표에게 의지하기 마련이다. 쇼핑몰에 필요한 분야로는 CS 파트, 배송 파트, MD 파트, 웹디 파트 등이 있다. 각 분야별로 직원을 두거나 아직 인건비가 타산이 맞지 않는다면 CS 및 배송 파트, MD 및 웹디 파트, 크게 두 파트로 나누어 2명을 뽑자.

CS 파트는 문의글과 문의전화만 받고 교환 및 환불을 잡아서 고객과의 소통을 우선으로 생각한다. 배송 파트는 아침에 물건이 들어오면 물건을 개봉 및 검수하고, 택배 패킹과 교환 및 반품을 잡아주는 일을 한다. 오배송이 나거나 검수 불량 건이 생긴 경우 다른 이에게 책임을 전가하지 않고 본인이 모두 기억할 수 있게끔 해야 한다.

MD 파트의 경우 신상을 사입하는 데에 기여를 하고 앞으로의 유행을 미리 캐치해서 리스트업 해둔다. 그러면 대표자가 직접 움직일 때보다 대표 본인의 개인적 취향이 신상 사입에 개입될 여지가 줄어든다. 추가로 촬영할 코디를 해놓는다거나, 촬영날 동행해서 모델의 매무새를 만져준다. 유행을 빠르게 캐치해야 하기 때문에 내 쇼핑몰과 맞는 스타일과 연령대의 MD를 우선으로 채용하자.

웹디 파트의 경우 촬영한 의류의 사진 보정과 업데이트를 위주로 담당한다. 한 사람이 담당하기 때문에 모델 얼굴이 사진마다 다르게 나올 일도 없고, 색감도 동일하게 보정할 수 있다. 가끔 이벤트나 사이트 메인과 배너를 만들 일이 생기면 메인 및 배너 교체까지 담당한다.

4. 상세페이지 안에서 모든 정보를 제공하자

업데이트하는 모든 제품에 심혈을 기울여야 한다. 그동안 놓쳤던 상세 사이즈 미기재라든가, 의류에 대한 설명이 불충분한 부분이 있었다면 전부 개선하자. 소비자가 원하는 의류 정보로는 실제로 착용했을 때의 핏에 대한 설명, 소재에 대한 설명, 길이 감, 같이 입기에 어떤 종류의 옷이 좋은지, 디테일, 어떤 시즌까지 활용이 가능한지, 안감은 있는지 없는지 등이 있다. 모든 정보를 상세페이지 내에 기재하고 사진으로도 보여주자. 피팅 컷에서도 특정 디테일이 있다면 확대해서 사진을 촬영해 올려두자.

5. 필요한 비품은 아끼지 말고 구매하자

사업을 운용하는 데 있어 필요한 비품들은 생각보다 더 많다. 다들 비품이라 하면 사무실에 필요한 전자레인지나 냉장고 같이 근무의 질을 높여주는 물건만 생각하는데 실제로는 업무의 효율을 높여주는 중요한 비품들이 많다.

상세 사진을 퀄리티 있게 찍기 위한 누끼 보드나 조명, 오래 써도 망가지지 않을 튼튼한 철제 행거나 재고 선반, 사양이 좋은 컴퓨터, 그리고 늘 소모되는 박스테이프나 테이프클리너, 택배 봉투 등은 늘 부족하지 않게 채워두자. 막상 필요할 때 없으면 오히려 비싼 값에 급하게 사 오게 된다.

6. 취소 및 반품의 이유를 파악하자

취소와 반품이 총매출의 10%가 넘으면 문제가 있는 것이다.

내가 생각한 취소율의 이유는 배송지연과 단순변심이었는데, 고객의 마음을 미리 알 순 없으니 바로잡을 수 있는 문제는 배송지연뿐이다. 배송이 더 빠르게 나가기 위해서는 주문을 일찍 넣어 삼촌이 물건을 빨리 픽업해오는 방법과 재고를 주문량의 1.5배로 쌓아두는 방법이 있다.

그렇다면 반품의 이유에는 무엇이 있을까? 고객의 반품 이력을 되짚어보니 사이즈 미스와 제품 자체의 불량이 가장 큰 원인이었다. 나는 사이즈를 종아리 단면부터 시작해서 스트링이 달린 의류는 스트링 길이까지, 트임이 있는 의류는 트임 길이까지 상세하게 적어두기 시작했다. 검수는 더욱 꼼꼼하게 의류 안감까지 거쳤다. 그 결과 취소 및 반품률은 3개월 만에 2% 미만으로 떨어졌다.

7. 마진율을 티 안 나게 올리자

1.4배 마진율로는 직원 1명 월급도 못 준다. 제품 1벌이 판매되면 최소한 얼마가 남는지 정확히 알아야 한다. 내가 파악하기로는 1.7~2.0배 정도의 마진율이 적당했다. 원가 7,000원 미만의 제품들은 2.0배로 하고 그 이상의 제품은 1.7~1.9배에서 자유로이 조절했다. 높아진 가격에 상응하는 가치를 제공하기 위해서 새로 올라오는 제품들의 피팅 컷과 상세 사진, 상세페이지, 의

류의 퀄리티와 제공할 수 있는 서비스^{부분배송 또는 무료배송 정책}를 현저히 높였다. 이후에도 현재까지 구매율은 전혀 떨어지지 않았다.

8. 월 매출의 10%는 부가세니 다른 통장으로 빼두자

우리는 나라에 꼭 내야 하는 세금이 있다. 그중 하나가 부가세인데, 일반과세자의 경우 월 매출의 10%를 납부해야 한다. 세금계산서나 현금영수증으로도 부가세를 절감할 수 있지만, 절감하기 위해서는 아이러니하게도 물건을 사입해 온 거래처에 10% 금액을 입금하고 세금계산서를 발급받아야 하기 때문에, 결론적으로 나라에 5% 거래처에 5% 총 10%의 부가세를 내는 것은 변함이 없다. 매달 총매출의 대략 10%가 되는 금액을 다른 통장으로 이체해두면 나중에 부가세를 납부할 때 추가 지출이라는 생각이 들지 않는다. 실제로 장사가 잘 되지 않으면 부가세가 아깝게 느껴지거나, 낼 돈조차 없을 경우가 생긴다. 하지만 그때그때 따로 챙겨두지 않으면 나처럼 가산세로만 몇백만 원을 더 내게 되니 조심하길 바란다.

9. 사소한 것까지 현금영수증과 세금계산서를 다 받자

단 1,000원의 거래를 했어도 세금계산서나 현금영수증은 꼭 수취하도록 하자. 간혹 거래처에서 30,000원 미만의 거래액은

끊어주지 않는 경우가 있는데, 그렇다면 이용하는 세무사 사무실에 해당 영수증이라도 보내주면 된다. 전액 공제는 되지 않지만 아예 공제가 되지 않는 것보다는 낫다. 거래처의 사입은 모두 현금으로 이루어지기 때문에 세금계산서는 꼭 필요하다.

비품이나 식비 등 현금으로 하지 않아도 되는 거래는 법인사업자라면 모두 법인 명의의 신용카드나 체크카드를 이용하는 게 확실하고, 개인 사업자라면 국세청 홈택스에 접속해 사업용 신용카드에 개인 카드를 등록해두면 사용 즉시 카드 거래액이 찍혀 세금을 공제받을 수 있다.

10. 아까운 게 아니다, 모든 자동화 시스템을 이용하자

내가 실수했던 가장 큰 부분은 자동화 시스템을 사용하지 않고 모든 일을 직접 했다는 것이다. 자동화 시스템은 직원이 아무리 많아도 꼭 사용해야 한다. 그 예로 입금 확인 자동시스템, 자사몰에만 업데이트하면 입점된 모든 플랫폼에 자동으로 상품을 전송해줘서 한 번만 업데이트해도 되는 시스템, 재고 수량과 주문 시간에 맞춰 순서대로 송장을 자동으로 출력해주는 시스템, 송장번호를 일일이 입력하지 않고 각 판매처별로 송장번호를 자동으로 등록해주고 '배송 중'이라 띄워주는 시스템 등이 있다. 자동화 시스템의 종류는 뒤에서 자세히 안내하겠다.

이 10가지를 모두 개선한 결과 나는 2개월 만에 제대로 일어설 수 있었다. 매출은 당연히 그 이상으로 올라갔고 마진율을 높인 덕분에 전보다 택배량은 적어져도 남는 금액이 많아졌다. 일을 하지 않는 시간에는 세무 회계를 집중적으로 공부했고, 내 회사의 재정상태와 재무제표쯤은 경리가 없어도 하루만 날 잡으면 손쉽게 작성할 수 있을 정도가 됐다. 모든 일에 직접 매달리는 대신 직원에게 위임하는 관리자로서의 능력도 길렀다.

사이트와 상세페이지 퀄리티를 높이니 타 판매처와 같은 금액으로 올려두어도 소비자들이 자사몰로 찾아와 구매를 했다. 대신 그에 합당한 서비스로 고객을 만족시켰다. 리뷰 적립금을 2배로 지급하고 무료배송 가능 금액을 낮춘다든지, 회원제를 도입해 할인율을 다르게 설정해둔다든지, 유머러스한 사은품을 매달 바꿔서 제공하는 식이었다. 이렇게 내 사이트는 천천히 성장해갔다.

실패를 하면 포기하고 불행해지는 사람이 있는 반면, 개선점을 찾아 극복하고 다시금 성공으로 이끄는 사람이 있다고 한다. 이 둘의 차이는 실패한 과정이나 좌절의 크기가 아니다. 실패를 어떻게 해석하고 다시 일어설 원동력으로 만들 것인지, 고민하고 실행에 옮기는 사람이 성공을 거두는 것이다.

유행은
우리가 만든다

　그렇게 개선하고 또 개선한 결과, 자사몰은 5,000개 이상의 쇼핑몰 가운데 종합 순위 50위 안에 들게 되었다. 하지만 거기서부터 더 상위 순위로 올라가기는 힘들었다. 그 이유를 생각해보니 '다른 쇼핑몰과 동일한 의류를 팔고 있기 때문', 그 하나였다. 쇼핑몰들은 서로 더 저렴한 금액, 좋은 서비스, 예쁜 모델, 유명한 장소에서의 촬영 등으로 치열하게 경쟁했다. 나는 정가를 낮출 생각이 없었고, 좋은 서비스도 제공하고 있다고 믿었다. 그렇다고 예쁜 모델과 유명한 장소를 섭외해 촬영하는 피곤함은 감당하고 싶지 않았다. 성장 속도가 더뎌지자 발등에 불이 붙기 시작했다.

사실 판매 중인 베이직하고 러블리한 의류는 내가 좋아하는 스타일이 아니었던 데다 다 똑같이 생긴 비슷한 제품들로 경쟁하는 게 힘들고 재미도 없었다. 어느 순간 옷 파는 게 돈벌이 수단만 되다 보니 내가 파는 개성 없는 옷을 전부 불태우고 싶은 순간마저 있었다.

이제 여기서 매출을 높이고 특정 카테고리에서 메이저가 되려면 한 번 더 변신이 필요했는데, 남은 건 차별화 전략뿐이었다. 마진을 줄이는 건 타사들과 치킨게임밖에 되지 않으니 지금 필요한 건 가격 차별화가 아닌 스타일의 차별화였다. 나는 소수의 사람들만 찾는 '블루오션 스타일'을 공략하는 것이 정답이라 판단했다.

더 이상 진전이 없다는 걸 깨달은 나는 여러 스타일에 대해 공부하기 시작했다. 그중 단연 눈에 띄는 건 '유니크 스타일'이었다. 유니크란 단어의 뜻을 딱 잘라 말할 수는 없지만, 굳이 정의해보자면 '유일한' '독특한'이라는 의미다.

지금이야 스트리트우먼 파이터 같은 프로그램 덕에 유행이 되었으나 당시 2017년에는 그런 스타일이 극도로 마이너한 의류에 꼽혔다. 그만큼 찾는 사람도 적었기에 유니크한 의류를 파는 쇼핑몰도 5,000곳 중 50곳조차 되지 않았다. 심지어 유니크

카테고리도 이제 막 생길 참이었다.

나는 바로 여기가 블루오션이라 확신했다. 운영한 지 5년 차에 쇼핑몰 스타일을 바꾼다는 건 정말 쉽지 않은 결정이었지만, 더 늦었다가는 다시 박리다매로 돌아갈 방법밖에 없을 것 같았다. 난 딱 한 달의 기간을 갖고 사이트를 리뉴얼했다. 다만 유니크로만 장사할 경우 아이템을 선정하는 데 한계가 있고, 동대문에도 그런 스타일을 파는 거래처가 많지 않아서 두 가지 스타일을 섞어 판매하기로 했다.

유니크 + 심플베이직! 예를 들어 하트 프린팅이 패턴으로 되어 있는 핑크색 탑과 완전 심플한 기본 청바지를 매치하거나, 꽃무늬 프린팅이 되어 있는 청바지에 기본 흰 티셔츠를 매치하는 식이었다. 이제 내 쇼핑몰은 유니크에 도전하고 싶은 사람들에게 입문용 쇼핑몰이 될 터였다.

당시엔 옷 좀 입는다는 연예인들이 와이드한 팬츠를 조금씩 입기 시작했는데, SNS에서는 와이드 팬츠를 '촌스럽다 VS 아니다'로 투표했을 때 절반 이상이 전자에 응답하고 있었다. 확인해보니 와이드한 팬츠를 판매하는 쇼핑몰들은 주 고객층이 40대 이상이거나, 기장이 발목까지만 오는 운동복 스타일의 팬츠를 많이 팔고 있었다.

나는 발등을 덮고 살짝 끌리는 기장감의 아주 와이드한 청바지를 10종류 사입했다. 요즘은 10대부터 40대까지 많이 입는 스타일이지만, 그때는 야외촬영을 다니면 바지 길이를 수선해야 한다고 오지랖을 부리는 사람이 있을 정도였다. 나는 준비를 마친 뒤 기존의 러블리한 의류들은 과감히 솔드아웃시키고, 재고들은 50% 이상 전체 세일에 들어갔다. 사이트 디자인도 심플하고 모던하게 바꾼 뒤 또 다른 유니크한 의류들을 동대문에서 찾아 빠르게 촬영하고 업데이트했다.

겨우 한 달밖에 시간을 못 들인 개편이었지만 결과는 성공적이었다. 기존의 '심플베이직 + 러블리' 카테고리에서는 하위권으로 검색조차 되지 않았지만, 유니크 카테고리에서는 순간적으로 4위를 차지하는 기염을 토했고, 5년 차임에도 많은 이들이 유니크 계열의 라이징 쇼핑몰로 인식하게 되었다. 즐겨찾기 수도 4만 명에서 16만 명으로 폭발적으로 늘었다.

와이드팬츠로 변화를 시작했기 때문에 어느 순간 '바지 맛집'으로 유명해졌고, 사람들이 다양한 와이드팬츠를 구매하기 위해 찾아왔다. 그 후 2018년부터 유니크 몰이 급격히 늘어나기 시작했다. 현재는 유니크를 전문으로 판매하는 쇼핑몰만 600곳이 넘어가고 있으며, 길거리에도 와이드한 팬츠, 크롭 티

셔츠, 다양한 컬러를 조합한 패션을 입고 다니는 사람들이 많아졌다.

현재는 내 나이가 20대 후반에 이르면서 '유니크 + 심플베이직'를 내어주고 이제는 '유니크 + 모던시크'로 더욱 특이한 코디, 원포인트 아이템, 독특한 컬러 조합으로 의류를 코디해 업데이트하고 있다. 이미 유니크에 입문한 사람들이 더 독특하게 입고 싶거나, 찾고 싶은 옷이 있을 때 자사몰에 들어오면 한발 앞서 업데이트해둔 것을 구매할 수 있다.

이제는 경쟁률이 많이 높아졌지만, 이때 5년간의 러블리를 깔끔하게 잊고 유니크로 입지를 다져놓은 것이 내 사업 인생 중 가장 잘한 선택이 아닐까 싶다.

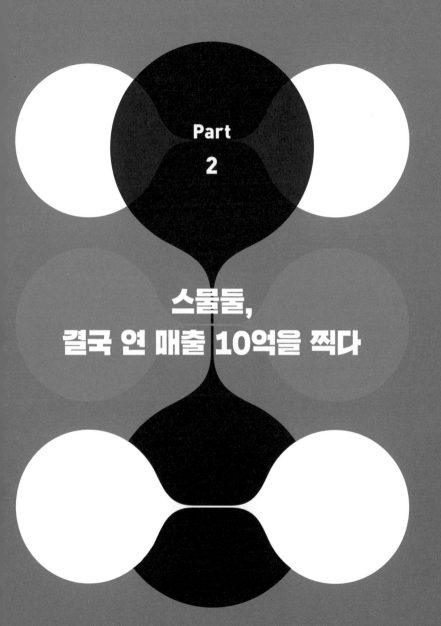

Part
2

스물둘,
결국 연 매출 10억을 찍다

돈이
나를 찾아오는 삶

17살에 사업을 시작하고 22살에 연 매출 10억을 찍었다. 방대한 양의 의류를 업데이트하지 않아도, 사이트 메인을 자주 바꾸지 않아도, 할인 이벤트를 하지 않아도, 무언가를 개선하지 않아도 매출은 계속해서 발생했다. 나는 내가 생각했던 '잘사는 사람'에 가까워지고 있었다.

연 매출이 10억이라 해서 내 통장에 10억이 들어 있다는 얘기는 아니지만, 그래도 회사는 잘 굴러갔다. 직원들의 식대도 무제한으로 챙겨줄 수 있었고 매출이 오른 만큼 상여금도 줄 수 있었다. 나는 먹고 싶은 게 있으면 무엇이든 먹을 수 있었고 사고 싶은 게 있으면 가격을 보지 않고 살 수 있었다. 나는 잘사는

끝내, 당신은 뭐든 해낼 겁니다

사람이 된 기분을 만끽하며 지냈다.

사소한 것들을 모두 개선하고 불필요한 요소를 꾸준히 제거하며 사업을 잘 꾸려갈 방법을 강구하다 보니 어느 순간 가만히 있어도 돈이 나를 찾아왔다.

하지만 한번 잃어본 입장에서 보자면 부^富라는 것은 있다가도 사라지고, 없다가도 생기는 법이다. 그 사실을 잘 알기에 최소한의 지출로만 살아가기로 했다. 사람 일은 어떻게 될지 모르는 거니까.

그래서 통장에 몇천만 원이나 여유 자금이 들어 있었지만 화장품 하나를 살 때도 한 달씩 고민했고, 나오지도 않는 립스틱을 긁어서 쓰며 아득바득 절약했다. 그러다 보니 점차 이런 생각이 들기 시작했다.

'이제는 좀 즐겨도 되지 않을까?'

사업을 쉴 생각은 없었기에 돌파구로 생각한 것이 '마인드 힐링'이었다. 일을 하면서도 돈을 쓰며 힐링하는 방법, 바로 여행이었다. '일하면서 동시에 힐링하는 여행'을 나와 직원들은 출장이라고 불렀다. 내가 돈을 쓰는 곳은 자기계발서 구입과 해외 출장, 그렇게 딱 두 가지뿐이었다.

당연한 이야기지만 내가 해외에 가 있는 동안에도 매출은 발생했다. 아침에 일어나서 휴대폰을 열어보면 통장에는 언제나 지출액보다 수입액이 더 많이 찍혀 있었다.

직원들과 나는 시간이 나면 촬영을 핑계 삼아 캐리어 3개에 옷들을 담고 국내, 일본, 홍콩, 베트남, 미국, 유럽 할 것 없이 출장을 떠났다. 1박 2일부터 12박 14일까지 다양하게, 적어도 한 달에 1번에서 두 달에 1번은 출장을 다녀오며 힐링한 덕에 항상 심리적 안정을 유지할 수 있었다.

그렇게 여행을 자주 다니며 많은 사람들을 보았다. 나와 비슷한 사업을 하는 사람, 또는 나와 다른 사업을 하는 사람, 워킹 홀리데이를 와 있는 사람, 유학을 온 사람, 이민을 온 사람……. 이 사람들은 무엇으로 자금을 마련했을까? 여행에 오려고 어떤 일을 했을까? 가족이 돈이 많을까? 돌아가면 무슨 일로 여행 자금을 충당할까? 입고 있는 옷은 어느 브랜드의 제품일까? 집은 어떻게 꾸며져 있을까? 평소에 어떤 생각을 하며 일하고 살까? 아니면 일하지 않고 사는 사람도 있을까? 많은 것이 궁금했다.

나는 여행지에서 사람들이 어떻게 살아가는지, 어떤 꿈을 가지고 있는지 대화하고 바라보고 또 느꼈다. 내가 돈으로 산 것은 다름 아닌 시간이었다.

늘 돈을 벌기 위해 시간을 써왔지만, 이제는 시간을 벌기 위해 돈을 쓴다. 그리고 그 시간은 나에게 많은 가치를 제공한다.

돌아오는 비행기에서는 늘 생각했다.

'한국에 도착하면 다시 돈을 많이 벌어서 또 여행을 와야지.'

이제는 '잘사는 사람'의 뜻에 대해 누군가 내게 묻는다면 바로 대답해줄 수 있다.

예전에는 물질적으로 많이 가지고 있는 것, 단지 통장에 돈이 많은 것, 서울에 집이 있는 것, 외제차가 있는 것, 일을 하지 않아도 고정적인 수입이 있는 것, 또는 건물주가 되는 것이라고 생각했다.

그러나 막상 여유가 생기니 그건 진짜 '잘사는 사람'이 아니라는 걸 깨달았다. 사실 이런 건 열심히 살다 보면 늦더라도 언젠가는 가질 수 있는 것들이다.

'잘사는 사람'에는 여러 가지 의미가 있지 않을까? 적은 금액이라도 물질적인 부분에서 만족하는 것, 안락한 집, 좋은 가정, 건강한 몸, 안전한 직장, 심적으로 기댈 수 있는 친구나 애인 등 다양한 조건들이 있을 텐데, 그 가운데 왜 경제적인 여유를 가진 것만을 잘사는 것이라고 여기게 되었을까?

나는 잘사는 사람을 이렇게 정의한다.

돈은 소유하는 것이 아니라 사용하는 것이다. 당장 내가 쓰는 돈이 아깝지 않은 것, 쓴 만큼 다시 벌 수 있다는 자신감과 언제라도 떠날 수 있는 용기가 있는 것, 그 안에서 배움으로 나 스스로 더욱 성장하고 그 가치를 내 커리어의 발판으로 삼아 수입을 올리는 방안을 발견할 수 있는 것. 그게 바로 길게 보면 잘사는 사람이 아닐까?

왜 하루는
24시간밖에 없을까

　매일 바쁘다고 말하는 사람들이 있다. 충분히 자기 커리어에 도움이 될 만한 일인데도 불구하고 오늘은 이 일을 해야 해서, 내일은 약속이 있어서, 당장은 휴식이 필요해서 등 온갖 이유를 대며 미루기도 하고 아예 하지 않기도 한다.

　그럼 대체 자기계발은 언제부터 할 생각인가? 막상 해보면 본인에게 정말 도움이 되는 일일 수도 있고, 본인도 몰랐던 능력을 발견하는 계기가 될 수도 있다.

　내가 그랬다. 남들보다 뛰어나고 싶어서, 그리고 부족한 부분을 채우기 위해서는 아무리 현실적으로 스케줄을 쪼개더라도 무리할 수밖에 없는 게 당연했다. 대신 그만큼 새로운 빌드업의 기회가 열렸고 또 다른 수익 수단을 만들 수도 있었다.

한평생을 장사만 할 것이 아니라면 다른 분야로도 지식을 확장해나가야 한다. 모든 사람들에게 공평하게 24시간이 주어졌으니, 그 24시간을 얼마나 실속 있게 사용하느냐가 관건이다. 내가 꾸준히 배움을 열망했던 이유이기도 하다. 나는 사업을 꾸리는 데만도 스케줄이 벅찼지만, 3년 동안 총 15개의 자격증을 땄고 23개의 부업에 도전했으며, 그 부업 안에서 내 재능을 발견해 3개의 사업으로 확장시켰다.

일만 죽어라고 매일같이 한다면 그저 '일 잘하는 사람'밖에 되지 못한다. 주변 사람들 사이에서도 멋진 대표, 친구, 동생, 동료, 가족이 되는 게 다다. 정해진 시간에는 열심히 일하고, 남은 시간이나 주말에는 내 커리어, 즉 몸값을 높이는 일을 해야 한다.

대표라는 자리란 그런 것이다. 사업을 운영하면서 본인의 사업 아이템에 대한 지식은 전무하나 커리어는 엄청난 대표들도 있다. 외국계 경영학과를 졸업하고 경영지도사 코스를 밟은 뒤, 그 경험을 토대로 투자받아 많은 직원을 채용하고 사업을 시작하는 부류가 그렇다.

하지만 우리들 대부분은 일개 소상공인으로 시작할 수밖에 없다. 의류 쇼핑몰로 성공했어도 이 사업을 유지하기 위해서는 지속적으로 자기계발을 해야 하고, 판매하는 의류에 대해 충분히 공부해야 하며, 계속 업데이트되는 새로운 정보들을 습득해야 한다.

슬픈 말이지만 사실 나는 이 사업을 마흔이 넘어서까지 할 자신이 없다. 치고 올라오는 신생 쇼핑몰들과 분기별로 바뀌는 트렌드를 따라갈 자신이 없기 때문이다. 그래서 나 자신을 더욱 다방면으로 성장시켜야겠다는 목표를 세우고, 그렇게 성장을 해서 마흔이 넘으면 새로운 직업을 갖거나 새로운 사업체를 꾸려야겠다는 생각으로 자기계발을 한다.

냉정하게 생각해보자. 지금 당장 10대 여성의류로 시작한 20대 젊은 대표가 40대가 되어서도 10대 여성의류를 판매할 수 있을까? 물론 전문 MD가 있다면 가능할지도 모르겠다. 하지만 이도 저도 아니게 겨우 먹고살 만하게만 벌게 되면 더 큰 일이다. 갑작스레 사업이 망하거나 해서 일을 관두게 되면 갈 곳이 없어진다. 그럼 결국은 내가 사업을 했던 경험을 살려 다른 쇼핑몰에 직원으로 취직하는 수밖에 없다. 아니면 아예 아르바이트로 택배만 싸게 될 수도 있다.

그런 미래를 꿈꾸는가? 나는 아니다. 나는 사업가로 시작했기에 평생 사업가로 남고 싶다. 그래서 쇼핑몰을 운영하며 별개로 포토샵 실력을 향상시켜주는 수업을 듣는다든지, 유튜브 채널 개설을 목적으로 영상 편집을 공부한다든지, 평소 관심 있게 보던 부류의 자격증을 공부해 모은다든지 하며 자기계발을 꾸준히 하고 있다. 그러다 보면 그 안에서 새로운 재능을 찾아 사업으로 확장할 기회를 찾을 수도 있을 거라 생각한다.

내 경우 의류 사업을 하면서 가장 관심 있게 봤던 분야는 4가지였다. 디자인, 미술 심리치료, 컨설팅, 독서 및 글쓰기.

디자인부터 말해보자면, 나는 포토샵과 일러스트는 어느 정도 할 줄 알았지만 디자인 능력이 뛰어나지는 않았다. 여기서 디자인 능력을 더 키우면 충분히 가치가 있을 거라 판단하고, 여러 사이트에 올라와 있는 일러스트 디자인과 상세페이지 디자인을 레퍼런스 삼아 연습을 하기 시작했다. 그렇게 한 달 정도 작업했을까? 디자인 능력도 그저 선천적으로만 갖고 태어나는 재능이 아니란 걸 깨달았다.

레퍼런스를 100개 넘게 참고하며 연습해보니 머릿속에 자연히 디자인 감각이 저장됐고, 이를 살려 재능마켓 크몽에 '상세페이지 디자인해드립니다' '배너 만들어드립니다' '명함 디자인해드립니다' 총 3개 섹터를 전부 10만 원에 등록했다. 내가 그동안 레퍼런스를 참고하며 작업했던 창작물들을 예시로 보여주니 꽤 많은 사람들이 주문을 했다.

나는 퇴근 후 시간을 내어 상세페이지와 명함, 배너를 디자인하고 클라이언트에게 보냈다. 실제로 내 평점은 5점 만점에 5점을 기록하며 월 20개 이상 판매로 성공적인 부수입을 거뒀다.

디자인 분야에서 성공을 맛본 뒤로는 자신감이 붙었다. 내 사이트를 더 멋지게 꾸밀 줄 알게 됐고 굳이 돈을 주고 외주를 맡길 일도, 직원에게 새로운 창작물을 기대하며 서로 스트레스를 받을 일도 없게 됐다.

다음으로 도전한 건 미술 심리치료였는데, 갑자기 왜 그 분야에 꽂혔는지는 모르겠다. 언젠가 심리상담센터라도 차리고 싶었던 걸까? 당시에 주변 사람들이 우울증을 많이 겪고 있어 해결방안을 찾아보다가, 내가 재미있게 공부할 만한 요소가 들어간 분야가 미술 심리치료라는 걸 깨달았던 것 같다. 주문이 들어온 배너를 만들며 3주간 독학하고 손쉽게 자격증을 땄다. 그 뒤로 친구들에게 재미 삼아 심리상담을 해주는 삶을 여전히 살고 있다.

다음으로는 컨설팅이었다. 과거의 나처럼 무지한 상태로 사업을 시작하는 사람들이 많아 아쉬웠기 때문이었다. 조금만 더 노력하면 잘될 것 같은데 포기하는 모습, 시작조차 못하는 모습들이 한편으로는 안타깝고 한편으로는 답답했다. 결국 나는 내 손으로 경쟁자 늘리기를 선택했다.

내 사이트 하나만으로는 스펙이 되지 않을 것 같아 쇼핑몰 관리사 자격증부터 CS 자격증, 마케팅 자격증, SNS 콘텐츠 마케팅 자격증까지 전부 따고 나서야 비로소 유튜브를 개설했다. 그래야 더 믿음이 가지 않을까 하는 마음에서였다. 유튜브부터 시작한 이유는, 이 유튜브 채널 자체가 나에게 좋은 포트폴리오가 되어줄 거라 생각했기 때문이었다. 쇼핑몰을 오픈하는 방법부터 포토샵 작업을 하는 방법과 세금 문제 처리 등, 쇼핑몰에 대한 A부터 Z까지 알려주는 유튜브 영상을 매주 올렸고, 영상을 올리기 시작한 지 1년 만에 구독자는 1만 명 이상으로 늘어났다.

더 세세한 정보는 유료로 수업을 개설할 생각이었는데, 때마침 내 영상을 보고 자기계발 강의 플랫폼인 야나두, 클래스101, 마인트, 마이비스켓 등에서 VOD 수업 오픈 제의가 들어왔다. 나는 열심히 준비한 끝에 녹화 강의를 개설했고, 그 뒤로 대면으로 만나길 원하는 수강생들이 많아져 대면 강의도 월 2~3회씩 매달 계속 진행하고 있다. 이렇게 해서 쇼핑몰로 벌어들인 수입에 부수입을 더해 드디어 연봉이 1억을 넘게 됐다.

마지막으로 독서 및 글쓰기의 경우, 나는 자기계발서나 경제 경영 분야 책들을 골라 반드시 완독을 했다. 이틀에 한 권씩 모바일로도 읽고 실물 책으로도 읽으면서 많은 것을 공부하고 배웠다. 내 입으로 말하긴 조금 민망하지만, 그 덕에 실제로 유창

한 언변과 20대 답지 않은 지적인 단어 선택, 남들이 궁금해하는 걸 바로 알려줄 수 있는 풍부한 배경지식에 더해 글 쓰는 재주도 조금 생겼다. 그렇게 키운 능력을 바탕으로 쇼핑몰 창업에 대한 글을 써 크몽에 전자책을 올려두었는데, 3일에 한 권씩은 판매가 이루어지고 있다.

그리고 지금은 내가 얻은 경험을 바탕으로 책을 써 내려가고 있다. 예전처럼 새벽 5시나 돼야 잠을 잘 수 있지만 쇼핑몰 일만 하던 그때와는 사뭇 다른 모습으로 하루를 마친다. 성취감이 있고 결과물이 빨리 나오는 일. 실제로 내 커리어에 도움이 많이 되고 몸값이 올라가는 일!

지금의 나는 이전의 나와는 다른 이유로 여전히 24시간이 부족하다. 하나의 사업만 할 것이 아니라면, 몸값을 올리고 싶다면 늘 바빠야 한다.

일만 열심히 한다고
되는 게 아니다

　사업이란 일만 열심히 한다고 되는 게 아니다. 일만 열심히 하는 사람은 이미 너무 많다. 장사는 두뇌 싸움이다. 입수 가능한 고객 데이터를 어떻게 파악할지, 어떤 방식으로 마케팅을 하고, 어느 부분을 개선해나가야 할지, 이 모든 것에 대한 지표를 구상해야 한다.

　매일 촬영해서 상품을 많이 올린다고 팔리는 시대는 지났다. 사람들이 정말 원하는 게 무엇인지 정확하고 빠르게 파악하기 위해서는 고객 데이터가 필요하다.

　쇼핑몰에 들어와서 몇 분 동안 제품을 구경했는지, 어떤 카테고리에서 어떤 카테고리로 이동하는지, 구매 전 이탈률은 얼마나 되는지, 이탈까지 걸리는 시간은 어느 정도인지, 가장 인기가 많은 카테고리는 어디인지, 하다못해 청바지가 많이 팔리는지 면바지가 많이 팔리는지, 크롭^{배꼽이 보이는} 기장 상의가 많이 팔리는지 포멀한^{골반까지 오는} 기장의 상의가 많이 팔리는지, 이 모든 걸 세세하게 분석할 줄 알아야 한다.

여기서 알아둘 것은 모든 호스팅사에는 통계 메뉴가 있다는 사실이다. 내가 사용하는 카페24 호스팅사에는 모든 걸 아주 세세하게 보여주는 통계 기능이 있어서, 실시간 접속자 수를 포함해서 어떤 링크를 타고 들어왔는지, 어떤 검색어로 유입이 되었는지까지 볼 수 있다. 이런 통계를 잘 활용하면 마케팅력을 얼마든지 강화할 수 있다.

페이스북을 타고 들어온 고객이 많다면 페이스북에 어떤 게시글을 올렸는지 파악한 후, 유사한 소재의 광고를 만들어 페이스북 위주로 광고를 집행하는 방법이 있다. 반대로 사이트명을 검색해서 들어온 고객이 많다면 이미 내 사이트 이름을 알고 있는 고객이 많다는 뜻이기 때문에 구매하지 않고 이탈했던 잠재 고객을 확보하는 광고를 집행할 수도 있다.

만약 이탈률이 사이트 메인에서 많이 발생했다면 메인 디자인을 검토할 수도 있고, 상세페이지에서 많이 발생했다면 상세페이지가 너무 길거나 짧지 않은지 파악하고 수정할 수도 있다.

상의보다 바지가 잘 나가는 지표가 보이면 '바지 맛집'으로 브랜드 이미지를 메이킹할 수 있다. 이는 또한 길게 보면 바지를 자체 제작 했을 때 팔릴 가능성이 높다는 뜻도 된다. 만약 크롭 기장의 상의와 하이웨이스트 팬츠를 함께 구매하는 고객이 많다면 크롭 기장 상의와 하이웨이스트 팬츠를 코디해서 크로스 셀링을 제안하는 방식으로 업데이트해두는 방법도 좋다.

마지막으로 고객이 접속하는 시간대도 살펴보자. 접속 시간대는 다들 비슷해서, 학교를 마친 후 또는 퇴근 후에 가장 많이들 접속한다. 10~20대 쇼핑몰이라면 보통 오후 6시~오전 2시까지 접속률이 가장 좋고, 20~30대 쇼핑몰이라면 직장에서 점심시간에 짬 내서 쇼핑하는 인구가 많기 때문에 오전 11시~오후 1시에도 접속률이 좀 있다. 야근하는 회사가 많기에 오후 8시부터도 접속이 시작되고, 일찍 잠을 자야 다음 날 출근할 수있기에 오전 1시 안에 모든 쇼핑이 끝나는 추세다. 다만 특정 은행은 오후 11시 30분부터 오전 12시 30분까지는 결제가 마비되기 때문에 실 결제를 다음 날 하거나 새벽에 카드로 결제하는 경우도 많다.

자신이 운영하는 쇼핑몰을 찾는 핵심 고객의 연령층과 움직임을 파악해서 다양한 마케팅 소재, 업데이트 시간, SNS 업로드 시간까지 철저히 계산하는 것이 단순히 눈앞에 닥친 일만 열심히 하는 것보다 중요하다.

자신과 사업을
똑같이 브랜딩하라

대표라는 자리는 곧 회사의 얼굴이 된다. 소비자들은 외적인 부분뿐 아니라 대표의 마인드, 말투, 행동, 차림새, 스펙, 능력 모든 것에서 회사의 이미지를 읽어낸다. '능력 없는 대표'만큼 치욕스러운 말도 없다. 사업 전체를 조망하면서 어떤 식으로 일을 진행할 것인지, 누구에게 위임할 것인지, 내가 부족한 점은 무엇인지, 내가 알지 못하는 것들을 얼마나 잘 인식하고 있는지 항상 치열하게 고민해야 한다.

열심히 일만 해서 성과를 내는 건 직원의 마인드다. 대표는 열심히 일하지 않고도 좋은 성과를 내야만 한다. 그러기 위해서 필요한 게 대표의 브랜딩화라고 생각한다. 이렇게 사람들이 자기

자랑하기 바쁜 시대에 얼굴 없는 대표는 옛말이다.

우선 자신의 단점부터 들여다보는 것이 중요하다. 무엇보다 필수적인 것은 판매하고 있는 물품에 대해 충분한 지식이 있는지 스스로 점검하는 일이다. 예를 들어 의류 쇼핑몰 대표직에 있는 사람이라면 자신이 파는 의류에 대해 모든 걸 설명할 수 있는지, 하다못해 원단의 질감에 대해서라도 전부 설명할 수 있는지 확인해봐야 한다. 혹시 설명할 수 없다면 충분한 공부가 필요하다고 본다.

자기 쇼핑몰에 무엇이 부족하고 자기 사업체에 무엇이 필요한지 전부 알고 있는 사람이, 자신이 판매하는 제품이나 제공하는 서비스에 대해서는 두루뭉술하게밖에 설명할 수 없다면 그건 어불성설이다. 그 분야에서 전문가라고 인정받는 자격증을 소유하고 있지 않더라도 누군가 질문했을 때 그 질문에 바로바로 대답할 줄 알아야 한다.

그렇다고 자격증이 쓸모없다는 소리는 물론 아니다. 관련 분야의 자격증을 소유하고 있으면 시너지 효과를 발휘할 수 있다. 해당 분야 전문가가 만든 사업체, 너무 멋지지 않은가? 예를 들어보자. 만약 다이어트용 닭가슴살을 판매하는 회사의 대표가 고도비만이라면 소비자들은 그 닭가슴살이 다이어트 식품이라는 것을 잘 알고 있어도 믿고 살 수 없게 된다. 반면에 보디빌더 출신의 근육질인 대표가 같은 상품을 판매하고 있다면 자연스레 매출은 오를 수밖에 없다. 이건 실제로도 있는 사례다.

지금 내가 계속해서 사업과 관련된 자격증을 모으고 그에 대한 정보를 공유하는 영상을 지속적으로 업로드하는 이유도 마찬가지다. 이는 '메리아빈'이라는 인물을 단지 정보를 공유하는 유튜버가 아닌 사업가라는 네임드로 브랜딩하기 위해서 발판을 다지는 작업이다.

더불어 한 회사의 대표라면 언행도 필수적으로 관리해야 한다. SNS에서 비추어지는 모습, 거래처나 회사 간 미팅을 할 때의 자세, 직원들을 대하는 모습까지 모두 이미지 메이킹을 해야 한다. 내가 조금 털털한 성격의 소유자라도 일에 있어서만큼은 전문적인 모습을 보여주는 게 좋다.

때와 장소에 맞는 옷차림, 즉 미팅 갈 때의 옷차림이나 언론에 보도되는 옷차림 모두 신경을 써주는 것이 좋다. 아예 늘 똑같은 옷만 입는 애플의 스티븐 잡스처럼 입든가, 아니면 늘 독특하면서도 패셔너블한 모습을 유지하든가, 나처럼 브랜드 컬러가 드러나도록 입는 방법도 있겠다.

내 회사의 메인 컬러는 레드이다. 이유는 그냥 내가 붉은색을 좋아해서인데, 그래서 사이트 로고도 레드, 컬러감이 있는 의류도 모두 레드로 피팅했다. 심지어 '레드 = 클로젯미'라는 회사 심볼 컬러를 사람들에게 인식시키기 위해 나는 근 2년간 빨간색 긴 머리를 유지하며 살았다. 그 모습으로 미팅을 하며 업체에 인식시키고, 붉은색과 스타일리시한 모습으로 일반인들에게 비춰지는 이미지도 만들어나갔다.

그러다 보니 사람들은 '레드 = 클로젯미 = 대표 = 패셔너블'이라는 도식을 자연스럽게 떠올릴 수 있게 되었다. 내 개인적인 브랜딩을 위한 미팅과 수업에도 모두 포인트 컬러로 레드가 사용됐는데, 이 또한 시너지로 작용했다. 덕분에 내 유튜브 메인 컬러도 레드가 되었다.

사업과 관련 없는 사람이거나 완전히 비즈니스 관계로만 만나는 사람이라도, 상대와 함께 있을 때면 무엇을 배울 수 있는지를 먼저 생각하고, 모르는 것이 있으면 부끄러워하지 않고 뭐든 물어보자. 어떤 사람이든 어떤 상황에서든 배울 점은 반드시 있다. 차근차근 나의 부족한 점을 채워나가다 보면 한 회사의 얼굴이 되기까지 걸리는 시간은 생각보다 길지 않을 것이다.

말하는 대로
이루어진다

사업을 계속 꾸려가다 보면 '내가 지금 잘하고 있는 걸까?' 하는 의문이 드는 건 당연한 일이다. 특히 목표를 이루기 위해 아무리 노력해도 손에 잡히는 결과물이 없다 보면 회의감이 들면서 스트레스와 압박감을 느끼기 마련이다. 만약 하고 싶어 시작했던 일이라면 어떻게든 이겨낼 수 있거나, 실패하더라도 도전해봤으니 즐거웠다고 말할 수라도 있을 테지만, 단지 생계만을 위해 벌인 사업이었다면 그 회의감은 이루 말할 수 없이 클 것이다.

사업이란 당연히 어제보다 오늘이 별로일 수도 있고, 오늘보다 내일이 좋을 수도 있다. 그러나 큰 변화를 원하면서 구체적

끝내, 당신은 뭐든 해낼 겁니다

인 목표와 계획도 없이 터무니없는 목표를 세워두고 공상만 하는 사람은 결코 성공할 수 없다. 우리가 이 사업을 영위하기 위해 가장 먼저 해야 할 것은 오늘보다 내일이 좋을 거라고 믿는 것뿐이다.

나는 예전에 〈무한도전〉 가요제에서 나온 '말하는 대로'라는 노래를 참 좋아했다. 내가 이 짧은 인생을 살면서 가장 많이 했던 일은 '일단 내뱉고 보는 것'이었다. 그리고 내가 내뱉은 말들은 전부는 아니라도 99%는 해낼 수 있었다. 물론 말만 하고 실행에 옮기지 않으면 당연히 말하는 대로 될 수 없지만, 나는 내가 말로 내뱉은 모든 것을 전부 실행에 옮기고 계획하고 행동했다.

그러다 보니 친구들에게 '말하면 전부 가능한 사람'이라는 타이틀도 얻었다. (물론 안 좋은 예시도 있다. 한번은 '이번 달 장사 망했다'라고 말했다가 진짜 그 달에 망한 적도 있다. 그래서 나는 부정적인 말이 가진 힘을 믿는다.)

하지만 모든 상황은 예측할 수 없고 제아무리 긍정적인 말만 한다고 해도 실제로 그 일이 일어날지는 미지수다. 다만 철저히 준비하고 실행하면 말한 것들 대부분은 웬만해서는 해낼 수 있다. 마법을 부리겠다, 하늘을 날 것이다, 복권에 당첨될 것이다, 이런 말도 안 되는 공상을 하는 게 아닌 이상에는 말이다.

다음 달은 이번 달보다 매출이 50% 성장하게 만들겠다, 쇼핑몰 랭킹을 5위 정도 올리겠다, 이 제품은 꼭 100개를 팔 것이다, 직원들에게 상여금을 줄 것이다, 부모님께 용돈을 드리겠다 등등, 작지만 포부 있게 세운 목표를 나는 전부 달성할 수 있었다.

당연히 목표에는 노력이 따랐다. 내가 말한 것을 지키지 않는다면, 나는 터무니없는 계획만 가지고 희망에 부풀어 있는 어리석은 사람이 되는 셈이었다.

그래서 이번 달 매출액의 50%를 신장시키겠다 말한 이상, 지난달의 나보다 2배 이상 노력을 했다. 실제로 다양한 프로모션과 이벤트, 상품군의 다양화, 1 + 1 이벤트 등 다양한 방법을 동원해 50% 이상 매출을 상승시킬 수 있었다.

쇼핑몰 랭킹을 5위 정도 올릴 방법은 클릭률을 높이는 것밖에 없었다. 그래서 메인 사진을 좀 더 사람들에게 쉽게 다가갈 수 있게끔 제작하고, 저렴한 미끼상품 몇 개를 걸어두어 판매량은 많지 않더라도 클릭률을 올려 순간적으로 5위 이상 올라갈 수 있게 만들었다.

한번은 어떤 제품이 너무 좋아 꼭 100벌 정도 팔아보고 싶었기 때문에, 우선 다양한 인플루언서들에게 협찬을 돌렸고, 직원들에게도 한 벌씩 선물해 다같이 입고 있는 데일리한 컷을 SNS

에 여러 차례 올렸다. 대표도 샀다고 강조하며 피드를 채웠고, 쇼핑몰에 들어오면 상단에 제품이 노출되도록 진열했다. 덕분에 고객들의 구매심리를 자극해 해당 제품을 300벌 넘게 판매할 수 있었다.

이런 식으로 매출이 올라 당연히 직원들에게 상여금도 줄 수 있었고, 내 가족들에게 조금이나마 용돈을 챙겨줄 수 있었다.

이 책을 읽는 독자가 지금까지 사업을 하면서, 또는 앞으로 사업을 하게 되면서 '내가 이 사업을 계속하는 게 맞나?'라는 생각을 한다면, 우선 자신이 어떤 마인드로 사업에 임하는지를 생각해보고, 지킬 수 있는 긍정적인 말만 하는 것이 좋다.

그렇게 말한 이상 그걸 지키려고 어떻게든 노력할 것이기 때문이다. 혹시 지킬 수 없었다면 그건 목표의 난도가 너무 높았기 때문이다. 해당 목표를 당장 실현 가능한 정도로 조각내어 순서대로 시도하고 성공해간다면, 여러분 또한 '말하는 대로 되는 사람'이 될 수 있다.

매출과
정산일의 굴레

　매출과 정산은 굉장히 중요한 이야기다. 사업을 하다 보면 매출은 높은데 막상 통장에 현금이 없는 경우가 있다. 아직 사업을 시작해보지 않은 사람이나 사업을 막 시작한 사람들은 '대체 무슨 얘기지?'라고 생각할 수도 있겠다. 이건 온라인 사업의 가장 큰 단점이기도 한데, 바로 카드 결제와 입점 플랫폼의 정산일 때문에 생기는 문제다.

　내가 사업을 막 시작했을 때에는 카드 결제를 모바일이나 인터넷으로 하기에 몹시 불편했다. 지금처럼 휴대폰에 카드를 등록해서 쓸 수 있는 시스템도 없었고 쇼핑 자체를 휴대폰으로 하는 사람도 거의 없었다. 이런 걸 보면 시대가 빠르게 변화하고 있음을 체감하게 된다. 이제는 현금거래보다 카드거래가 훨씬 많아져서 그 비중이 2:8 정도 된다. 물론 현금이 2다. 그렇기 때문에 카드 결제 시스템을 사이트에 계약해 설치해둬야 한다. 또한 수익의 다각화를 위해 다양한 플랫폼들에 입점해서도 물건을 판매해야 한다.

여기서 문제는 이 결제 대금을 우리가 바로바로 수취할 수 없다는 점이다. 현금거래의 경우, 고객이 등록된 내 계좌로 이체를 하면 바로 내 통장으로 현금이 들어온다. 그럼 그 금액으로 사업을 하거나 필요한 여타 비용으로 사용할 수 있다. 그러나 카드거래의 경우, 최소 1일의 결제 대금 입금 기한이 있다. 그러나 입금 기한을 1일로 설정할 경우 여기서도 수수료가 꽤 발생하기 때문에, 최소한의 수수료로 카드 결제를 이용하고 싶다면 적어도 결제 후 2주 정도 뒤에 대금을 받을 수 있게 된다.

플랫폼 정산 또한 마찬가지로 많게는 주 5일, 적게는 월 1회까지로 입금 날짜가 정해져 있다. 플랫폼마다 정산일도 다르다. 주 5일 정산이라도 고객이 구매한 후 물건을 수령한 다음에 구매확정을 할 때까지 기다려야 정산이 들어오므로, 결국 약 2~4주 정도가 소요된다고 봐야 한다.

2~4주 전의 매출이 오늘과 비슷하거나 더 많다면 오늘의 사입비와 필요 비용을 사용할 수 있게 되지만, 2~4주 전 매출이 오늘보다 적거나 주말 또는 공휴일이라 없다면 당장 오늘의 매출액이 많더라도 통장에는 사입비가 전혀 없는 상황이 발생할 수 있다.

또는 정산일이 월 1~2회 정해진 플랫폼의 경우 한 달치 매출이 다음 달이 되어서나 정산되기 때문에 우선 물건부터 고객에게 빠르게 보내줘야 한다.

이건 내가 불과 몇 달 전까지도 겪었던 문제다. 나는 사업을 적은 금액으로 시작했고 여유자금이 없었기 때문에 모든 금액을 사입비와 신상품을 가져오는 데에 사용했다. 그래서 정산이 들어오기까지 굴릴 현금이 부족해지는 바람에 현금흐름이 꽉 막혀버렸다. 그래도 어찌어찌 운영하기 위해 내 개인 통장에 있는 모든 적금과 개인적으로 한 부업의 수익을 회사 통장으로 이체시켜 사입비를 충당한 뒤, 정산이 들어오면 다시 나에게 이체하는 방법으로 재무제표를 상당히 어지럽혔다.

그제야 사람들이 왜 자본금을 넉넉하게 두고 사업을 시작하는지, 사업자 대출은 왜 있는지 이해했다. 당장 내가 선택한 건 역시 대출이었고 받을 수 있는 최대 금액을 대출받아 현금흐름을 원활하게 만들었다. 이건 내가 매출이 떨어지지 않을 거라는 자신감에서 벌인 일이었는데, 다행히도 현금흐름이 원활해지다 보니 판매량이 많은 제품들의 재고를 조금이나마 더 둘 수 있었고, 당일배송이나 다음 날 배송으로 구매 확정일 간격을 줄여 더욱 빨리 정산을 받을 수 있게 됐다. 당연히 배송이 빨라지니 고객 후기는 좋게 남았고 더 많은 사람들이 구매하게 됐다. 쇼핑몰을 이렇게 성장하는구나, 하고 느낀 계기였다.

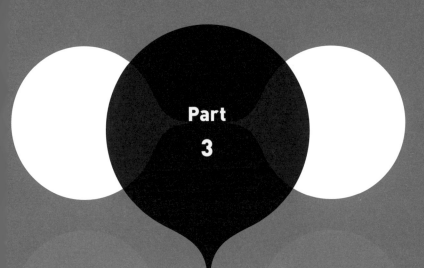

Part
3

온라인 쇼핑몰
정말 누구든지 할 수 있다

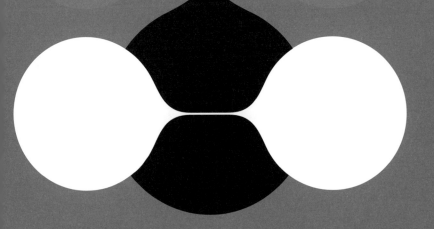

온라인 쇼핑몰은
사실 레드오션이 아니다

　많은 사람들이 온라인 쇼핑몰을 극도로 포화한 레드오션이라 생각하고, 뛰어들어봤자 성공할 수 없다고 말하기도 한다. 하지만 아직 레드오션까지는 아니라는 게 내 생각이다. 이건 내가 강의를 하는 이유이기도 하다.

　몇십만 개의 쇼핑몰이 온라인 세상에 있지만, 버는 사람은 벌고 못 버는 사람은 못 벌고 있다. 이건 단지 경쟁자가 많아서가 아니라, 차별성이 없기 때문이다.

　그렇다고 남들이 하지 않는 분야를 주목해서 창업해라? 이런 얘기도 사실 이제는 끝났다. 하다못해 젓가락만 파는 전문 쇼핑몰까지 나오는 마당에 대체 어떤 사업을 골라서 하란 말인가?

그냥 궁금하면 해보면 된다. 하고 싶으면 일단 해보면 된다.

'쇼핑몰이 너무 많아서.'
'내가 팔고 싶은 것을 파는 곳은 너무 많아서.'
'굳이 내 사이트에서 살 이유가 없을 것 같아서.'

틀린 말은 아니지만 그렇게 생각하고 사업을 시작하면 온라인 쇼핑몰뿐 아니라 다른 사업, 예를 들면 개인 카페 창업 같은 것도 절대 할 수 없을 것이다. 개인 카페는 계속 새롭게 생겨나고 프랜차이즈 카페는 점점 많은 메뉴들을 개발한다. 이 분야에서 사업가들은 어떻게 살아남으려고 할까?

정말 잘되는 업체는 차별성이 있다. 손님들이 인증샷을 찍기 좋게끔 감성적인 인테리어로 차별화를 두거나, 엄청난 비주얼의 시그니처 메뉴를 개발하거나, 홈카페처럼 영상을 촬영해 마케팅을 한다. 아니면 박리다매 전략으로 아메리카노 1잔을 1,000원에 팔거나 회사 밀집 구역에 테이크아웃 전용 카페를 열거나, 또는 배달 전문으로 작은 상가에 카페를 차리는 방법도 있다. 사람들은 여러 가지 방식으로 여전히 개인 카페 창업을 하고 있다.

온라인도 똑같다. 위에 말한 젓가락만 전문으로 파는 업체는, 다들 그릇을 판매하면서 젓가락을 끼워 팔 때 정말 다양한 100가지 종류의 젓가락만으로 젓가락 전문 쇼핑몰이 된 것이다.

나처럼 의류를 시작하고 싶다면(사실 의류가 가장 한정적이라고 생각하지만) 길거리에 걸어 다니는 사람들의 옷차림을 관찰해보자. 다양한 연령의 사람들이 서로 비슷한 스타일로 옷을 입고 있는 가운데, 한편에서는 정말 독특한 스타일로 입는 사람도 있고, 아주 편안한 트레이닝만 입고 다니는 사람도 있다. 그렇기 때문에 의류 플랫폼들에 들어가 보면 스타일로만 카테고리를 나눠서 볼 수 있는 기능이 갖춰져 있는 것이다.

만약 자신이 여성스러운 페미닌한 스타일을 좋아한다면 그런 스타일로만 판매해도 좋고, 컬러를 이용하는 코디를 좋아한다면 컬러풀한 의류만 판매해도 좋겠다. 또는 일본 스타일, 미국 스타일 등 다양한 국가 스타일로도 나눠볼 수 있겠고, 심플하고 베이직한 의류를 판매할 것이라면 딱 심플 베이직 제품만 판매하는 기본 중의 기본이 되는 쇼핑몰이 될 수도 있겠다. 바지에 일가견이 있다면 바지 전문 쇼핑몰을 오픈해도 된다.

이처럼, 의류 시장은 아직 열려 있다.

이 모든 게 어렵다면 기존의 쇼핑몰을 벤치마킹하는 것도 좋

다. 내가 오픈하고 싶은 느낌의 쇼핑몰을 발견했다면 그 사이트
는 어떤 식으로 촬영을 하고 어떤 스타일의 의류를 판매하고,
상세페이지 구성은 어떻게 되어 있으며, 그중에서도 잘 나가는
품목은 어떤 것인지 리스트업 하다 보면, 어느 정도 내가 구상
하는 쇼핑몰의 윤곽을 그려낼 수 있을 것이다.

다만 거기서 해당 사이트와 어떤 차별성을 둘 것인지를 생
각하는 것은 본인의 능력이다. 벤치마킹이란 타사를 따라 하는
'카피'와 엄연히 다르다. 내 회사가 타사에 비해 취약한 점이 무
엇인지 찾는 것, 그리고 이미 너무 많은 정보에 노출되어 있는
소비자들에게 타사와는 다른, 어떤 경쟁력으로 승부할 것인지
를 파악하는 용도로만 리스트업을 해야 한다.

평범한 쇼핑몰의 틀 안에서 벗어나기 위해서는 판매하고 싶
은 스타일보다 사람들이 원하는 제품을 보여주는 것으로 차별
화를 두면 된다.

사실 나는 하체가 콤플렉스다. 허벅지도 아니고 무려 종아리
가. 허벅지까지만 보면 정말 괜찮은 체형인데, 종아리를 보는
순간 갑자기 듬직해져버린다. 그래서 내 사이트에서 준 차별점
은 나처럼 상체는 말랐지만 하체에는 자신 없는 사람들을 위해
와이드 한 팬츠나 부츠컷 팬츠를 위주로 판매하고, 상체는 더욱

부각하기 위해 타이트하고 짧은 상의 위주로 판매를 하기 시작했다.

또한 종아리가 콤플렉스인 내가 쇼핑할 때 가장 많이 보는 기준은 이 바지가 종아리에 '타이트하게 피팅되느냐' '루즈하게 피팅되느냐'가 되는데, 온라인상에서 확인하려면 당연히 종아리 단면 사이즈가 필요했다. 그래서 내 사이트에도 팬츠를 업데이트할 때에는 무조건 종아리 단면까지 상세히 적어두고 있다.

이미 시중에 나와 있는 스타일 중 좋아하는 걸 나도 판매해보고 싶다면 이런 식으로 차별점을 찾아보면 된다. '통통한 사람들을 위해 판매를 하겠다' 또는 '마른 사람들을 위해 판매를 하겠다' '키가 큰 사람들' '키가 작은 사람들' '하체에 고민이 있는 사람들' '상체에 고민이 있는 사람들' 등등, 잘 생각해보면 나만이 해낼 수 있는 차별성을 찾을 수 있을 것이다.

온라인 사업을
준비하기 위해 필요한 것

1. 브랜딩 구조 정하기

사업을 시작하기 전에는 브랜딩 구조 5가지를 정해야 한다.

1) 사업체의 이름

2) 페르소나

3) 메시지

4) 목표 매출

5) 브랜딩의 목적

회사 이름을 지을 때는 사람들이 많이 사용하는 단어나, 어떤 물체명이나 음식명, 타사의 이름 등을 조합해서 정하는 경우가 많다. 이름을 결정한 후에는 키프리스나 마크인포 사이트를 통해 상표권이 등록되어 있는지 확인해봐야 한다. 제대로 확인하지 않고 동일한 상표명으로 사업자등록증까지 발급받아버리면 나중에 상표권 분쟁에서 꽤 피곤한 이슈가 발생할 수도 있다.

다음으로는 쇼핑몰의 페르소나를 정하면 좋다. 페르소나라는 말이 잘 와닿지 않는다면 '사람들에게 보이고 싶은 이미지'라고 생각하면 좀 더 이해하기 쉽다. 인테리어 소품을 판매한다면, '자취방의 로망을 실현시켜주는 아이템을 판매하는 곳'이나 '유럽의 가정집에서 생활하는 느낌을 낼 수 있는 곳'이 페르소나가 될 수 있다.

내 쇼핑몰의 경우 '유니크하고 쿨한 느낌으로 의류를 입고 싶은 10대, 20대 여성'이라는 페르소나로 시작했고, 현재는 고객들이 충분히 인입되어 '내가 원하는 대로 유니크하고 쿨하게 입는 여자'라는 느낌을 강조하고 있다.

사람들이 내 사이트에 들어와서 어떤 영감을 받길 원하는지, 페르소나 하나를 정해두고 그에 맞는 아이템을 판매하면 된다. 고객이 내가 판매하는 옷을 입고 사이트가 지향하는 뉘앙스를 풍기게끔 하는 것이다.

같은 맥락으로 브랜드가 전하는 메시지도 정해야 한다. '굳이 타이트하고 짧고, 여성성을 강조하는 의류를 팔아야 하는가?'라는 내용이 메시지가 될 수도 있고, 반대로 '여성성을 강조하는 의류만 팔아야 한다'라는 내용이 메시지가 될 수도 있다.

목표 매출의 경우 너무 터무니없는 금액으로 산정한다면 오히려 매출이 늘지 않을 때 더 큰 딜레마에 빠질 수도 있다. 천천히 올리는 방향으로, '오픈 후 6개월 뒤에는 월 매출 500만 원을 달성시키겠다!' '오픈 1년 차에는 일반과세자로 전환하겠다!' 등, 가볍지만 포부 있는 목표 매출을 정하는 것이 좋다.

마지막으로는 브랜딩의 목적은 간과하기 쉽지만 중요한 요소다. 보통 쇼핑몰 대표들은 본인이 좋아하거나 관심을 가지는 제품들을 판매하기 때문에 특별한 목적성 없이 운영하는 경우가 많다.

내 경우 '남들의 시선을 신경 쓰지 않고 자신 있게, 입고 싶은 의류를 다양하게 코디해서 입는 사람들이 많아지는 것'이 브랜딩의 목적이었다. 현재는 그런 삶을 살아가고 있는 개성 있는 여성들이 많이 이용하는 쇼핑몰이 되었기에 목적 부분은 성공했다고 본다.

내 개인 브랜딩 차원에서도 보면 내 유튜브의 목적은 'N잡의 사업으로 수익을 창출하며 수익 창출에 대한 방법을 공유하고 창업하는 사람들이 많아지는 것'이었는데, 지금 많은 사람들이 내 유튜브를 보며 쇼핑몰 창업을 공부하고 있고 또 수업을 수강하러 오는 모습을 보며 개인적 브랜딩 또한 성공적이라 판단된다.

2. 서류 발급

여기까지 정했다면 이제는 실전이기 때문에 다양한 서류들이 필요하다. 가장 먼저 발급받아야 할 것은 당연히 '사업자등록증'인데, 요즘에는 정말 간단하게 발급받을 수 있다. 거리가 가깝다면 사업장 소재지의 관할 세무서에 방문해서 직접 발급받을 수도 있고, 국세청 홈택스 사이트에 접속해서 자체 발급을 받는 방법도 있다.

우선 홈택스에서 발급받는 방법은 다음과 같다. PC로 국세청 홈페이지에 접속하여 홈택스에 로그인한 뒤, 메인 화면에서 '신청/제출' 버튼을 누른다. 이후 '사업자등록신청개인' 배너를 누르고 간단한 인적사항 및 사업자 정보를 순서대로 입력하면 된다. 여기서 주소지는 본인의 주소지 또는 사업장이 있다면 사무실 주소지를 상세히 입력해야 한다.

그 후 '사업 자유형 선택' 화면에서는 일반과세자와 간이과세자 둘 중 하나를 선택할 수 있게 되어 있는데, 첫 사업을 시작하는 사람이라면 간이과세자로, 이미 일반과세자로 사업체를 하나 가지고 있는 사람이라면 일반과세자로 신청을 하면 된다.

여기서 입력해야 할 내용이 헷갈린다면 아래와 같이 신청하자.

- **업종코드**: 통신판매 525101
- **산업분류명**: 전자상거래 소매
- **업태명**: 소매업
- **종목명**: 전자상거래업
- **사업자유형**: 간이
- **개업일자**: 신청일자

필요 정보를 모두 입력하고 저장 후 등록 버튼을 누르면 '임대차 계약서 자료'를 등록하게 되어 있는데, 본인 집에서 시작한다면 패스해도 좋다. 등록에 문제가 없다면 하루이틀 내로 사업자 등록증 발급 완료 문자를 받을 수 있다. 직접 출력해서 보관해도 되고, 원본이 필요하면 세무서에 방문해서 수령할 수도 있다.

직접 세무서에 방문해서 신청을 하는 경우에는 대표자 신분증이 필요하고, 동업을 할 경우에는 동업계약서까지 챙겨서 방문하면 된다.

다음으로 필요한 서류는 '구매안전서비스 이용 확인증'이다.

구매안전서비스 이용 확인증은 통신판매업 신고를 하기 위해서 필요한 서류이기 때문에 사업자등록을 마치고 나서 발급받으면 된다. 여기엔 두 가지 방법이 있다.

1) '국민/농협/기업 은행'에서 발급받는 방법

- 사업자등록증 지참 후 해당 은행 방문
- 해당 은행 사업자 통장 계좌를 한도 30만 원으로 개설(한도는 추후 증액이 가능하다)
- 인터넷 뱅킹 접속 후 에스크로 서비스 가입
- 해당 은행 페이지 접속 후 구매안전서비스 이용 확인증 발급

2) '네이버 스마트 스토어'에서 발급받는 방법

- 네이버 스마트 스토어 가입
- 사업자등록증을 이미지로 첨부
- 가입 후 구매안전서비스 이용 확인증을 이미지로 내려받기

사실 나는 개인 사업자의 경우 사업자 통장의 필요성을 알기에 첫 번째 방법을 권하고 싶지만, 상당히 귀찮은 일이라서 요즘에는 두 번째 방법도 추천한다.

다만 시간이 있다면 첫 번째 방법으로 발급받는 것이 좋다. 사업자 통장이 있으면 내 개인 통장으로 사업을 하지 않기 때문에 월 매출 및 월 소득을 확실히 알 수 있고, 내 마음대로 돈을 소비하지 않기에 구매자들도 믿고 이체할 수 있다.

자, 이제 마지막으로 필요한 서류는 '통신판매업 신고증'이다. 모든 인터넷 거래상에는 통신판매업 신고번호가 필요하기 때문에, 이 신고증을 무조건 받아야만 사업을 진행할 수 있다. 모든 쇼핑몰은 예를 들면 '2022-경기 의정부-1234'와 같은 고유번호를 부여받게 된다.

- 정부 24(민원 24) 접속 후 공인인증서 로그인
- 메인에 통신판매업 신고 버튼 클릭
- 쇼핑몰 링크와 호스팅 서버 주소 작성(여기서 호스팅 서버는 사이트 주소가 아닌 본점의 현실 주소를 작성해야 하는데, 판매 사이트가 네이버 스마트 스토어라면 네이버 본사의 주소, 카페24를 통해 자사몰을 구축해 판매할 거라면 카페24본사의 주소를 작성하면 된다)
- 구매안전서비스 이용 확인증 이미지 첨부 후 제출

빠르면 약 3~4일 만에 모든 서류를 발급받을 수 있다.

3. 준비물

이제 온라인 사업을 시작할 서류 준비는 끝났다. 이제는 실전에 대해 알아보도록 하자. 모든 서류가 준비됐다면 이제부터는 무엇을 해야 할까? 사입을 해야 할까? 제품을 선정해야 할까? 아니다. 일단 준비물부터 사야 한다. 나중에 사업을 하더라도 제품을 빠르게 촬영해 업로드해야 하기 때문에 미리 준비물부터 구비해놓으면 좋다.

우선 촬영에 필요한 물품이다. 다들 카메라부터 떠올릴 테지만, 요즘은 휴대폰 카메라 화질이 워낙 좋기 때문에 사실 카메라는 크게 중요하지 않다. 카메라를 잘 모르지만 꼭 필요하다고 느껴진다면 저렴한 디지털카메라를 중고로 구매하는 것도 좋다. 내가 현재 사용하는 건 7년 동안 쓰고 있는 캐논 EOS m2 모델로, 카메라를 잘 모르는 나도 손쉽게 사용하고 있다. 당시에 30만 원에 구매했던 것으로 기억한다. 이제는 많이 낡아서 바꿀 때가 되긴 했지만 아직까지는 좋은 카메라의 필요성을 못 느끼고 있다.

나처럼 의류를 판매하는 것이 목적이라면 당연히 촬영 전과 배송 전에는 상품이 완전한 상태여야 한다. 따라서 스탠드형 스팀다리미는 필수이고, 옷걸이, 행거, 가방걸이, 모자걸이, 액세서리 정리함, 마네킹, 전신 거울도 필요하다.

끝내, 당신은 뭐든 해낼 겁니다

특히 쇼핑몰 맨 하단에 들어가는 의류 단독 상세 컷을 촬영할 때는 눈으로 보는 것과 동일한 컬러를 소비자에게 보여줘야 하는데, 이때 빛이 잘 드는 곳에서 촬영하는 방법도 있지만 더욱 깔끔한 컷을 원한다면 지속광 조명과 하얀색 누끼 보드가 필요하다. 내 사무실의 경우 햇빛이 차단된 사무실이기 때문에 지속광을 이용해 깔끔하게 촬영하고 있다.

배송을 보낼 때 필요한 택배 봉투와 폴리백^{투명봉투}은 인터넷에서도 쉽게 구할 수 있고, 방산시장에서도 판매를 하고 있다. 다만 방산시장보다는 대량으로 더 저렴하게 구매할 수 있는 인터넷 쪽을 추천한다. 택배 봉투와 폴리백의 크기는 동일하게 구매하면 된다.

1) 택배 봉투와 폴리백 사이즈

- 의류 1개: 30cm × 40cm
- 의류 1~2개: 35cm × 45cm
- 의류 3~5개: 40cm × 50cm
- 아우터나 부피가 큰 제품 or 의류 5개 이상: 50cm × 60cm

2) 재질

- 택배 봉투는 LDPE / HDPE로 나뉘어 있다.

- LDPE: 신축성이 있는 유광 봉투

  - HDPE: 빳빳한 무광 봉투

- 투명 폴리백의 경우 PP / PE로 나뉘어 있다.

  - PP: 흔히 볼 수 있는 유광의 투명한 봉투

  - PE: 지퍼백 소재처럼 무광의 반투명한 봉투

끝내, 당신은 뭐든 해낼 겁니다

판매할 제품에 대한
충분한 지식

내가 사업을 시작하는 사람들에게 가장 강조하는 부분이다. 판매할 제품을 대표도 잘 모르는데 어떤 소비자가 믿고 구매할 수 있을까? 의류를 판매하는 사람들은 대부분 옷을 좋아하거나 옷을 잘 입는다는 이유로 사업을 시작한다.

그러나 실제로 그 옷이 어떻게 만들어지는지, 옷의 소매 부분은 뭐라고 부르는지, 어떤 체형에게 잘 어울리는 스타일인지, 재봉 방식의 명칭과 차이는 뭔지, 원단의 특성과 세탁 방법은 무엇인지, 제대로 알지 못하는 경우가 많다.

액세서리도 마찬가지다. 어떤 사이즈가 고객에게 적합한지, 소재 특성상 알레르기가 있을 수도 있는지 충분히 알고 판매를 해야 한다. 특히나 식품이나 유아용품, 화장품의 경우는 전문가 수준으로 충분히 알고 있어야 미리 고지하지 못해서 생기는 실수를 미연에 방지할 수 있다.

또한 제품에 대한 지식뿐만 아니라 법적으로 교환·환불이 가능한 부분까지 미리 알고 판매를 시작하면 소비자의 컴플레인을 절반으로 줄일 수 있을 것이다.

내 수강생 중에는 이런 일을 겪은 분이 있다. 단지 의류를 좋아해 쇼핑몰을 열고, 판매하는 의류에 대한 지식이 충분히 없는 상태로 업로드를 하기 시작했다. 팬츠를 업데이트하면서 하이웨이스트^{허리 위치}인지, 로우웨이스트^{골반 위치}인지, 미들웨이스트^{배꼽 위치}인지 몰랐던 그분은 키가 작은 본인 체형에 피팅되는 대로 하이웨이스트라고 작성해두었다. 고객들이 구매 후 입어보니 미들웨이스트로 착용되는 경우가 많아 부정적인 리뷰를 올리고 반품 또한 다량 발생해 고생을 많이 했다고 한다.

그리고 거래처에서 니트를 사입할 때 영수증에 제품명이 '스트라이프 울 니트'라고 작성이 되어 있는 것을 보고, '울 100%'라고 표기를 해뒀는데, 추후 동일 제품을 판매하는 타사의 사이트에서 아크릴 80%, 나일론 20%로 기재되어 있는 것을 보게 됐다. 알고 보니 울 질감을 살려 만들었기 때문에 제품명을 울 니트라 지은 것뿐이고, 정작 울은 전혀 함유되지 있지 않았던 것이다. 울이라고 굳게 믿었던 그분은 여러 차례의 문의에도 울 100%가 맞다는 답변을 한 뒤 계속 판매를 했고, 울이 아니란 걸 알아챈 소비자들의 컴플레인이 빗발쳤음은 당연한 일이다.

게다가 교환·반품이 가능한 요소임에도 불구하고 전자상거래 소비자보호법을 정독하지 않고 다른 쇼핑몰을 보고 템플릿을 만들어두다 보니, 역시 현명한 소비자들에게 극심한 컴플레인을 받았다. 청약철회 안내에 대해서는 전자상거래 등에서의 소비자보호에 관한 법률 제17조를 확인해보자.

판매할 제품
소싱하기

서류와 준비물을 모두 갖췄다면 이제는 판매할 제품을 어디에서 소싱할지 알아보자. 의류나 패션잡화 사업을 하려는 사람이라면 당연히 동대문에 방문해 의류를 사입해야 한다는 정도는 알고 있을 것이다. 인터넷에 돌아다니는 옛날 정보들 말고, 2022년도를 기준으로 동대문에 대해서 먼저 알아보자면 다음과 같다.

우선 동대문은 크게 낮 시장과 밤 시장으로 나뉜다. 낮 시장이라고 해서 대낮에 운영하는 것도 아니고, 밤 시장이라고 해서 저녁이나 밤에 운영하는 것도 아니다. 12시부터 24시 사이에 운영하는 시장을 낮시장, 오후 8시부터 오전 8시 사이에 운영하는 시장을 밤 시장이라고 부른다. 2022년도 기준 동대문은 매주 일요일 밤~목요일 밤까지 주 5일 운영하고 있다. 이전에는 금요일 밤까지 주 6일을 운영했는데 올해 바뀌었다. 낮 시장은 대체로 여성의류로 저렴한 금액의 제품들과 중국산 의류들, 그리고 퀄리티가 일반적이거나 조금은 낮은 경우가 많고, 밤 시장은 여성의류와 남성의류, 퀄리티가 좋고 금액이 높은 제품들이 많다.

1. 낮 시장과 밤 시장

1) 낮 시장

디오트, 청평화, 테크노, DWP(동원프라자), 신평화, 남평화, 동평화, 신발상가, 벨포스트

2) 밤 시장

APM, APM플레이스, APM럭스, 누죤, 디자이너 클럽, DDP패션몰(구 유어스), 혜양 엘리시움, 스튜디오 W, 맥스타일, 팀 204, 퀸즈스퀘어

2. 건물별 특징과 층별 안내

1) 디오트(00:00~12:00)

여성의류 쇼핑몰들의 90%는 여기서 나온다. 낮 시장 중 최대 규모의 도매 시장이기 때문에 매장 수가 가장 많을뿐더러 다양한 스타일로 유행에 민감

하고 금액 또한 합리적이라는 장점이 있다.

- 지상 1~4층: 10~30대 여성의류
- 지하 2~1층: 20~30대 여성의류 및 잡화

2) 청평화(00:00~12:00)

디오트와는 다르게 조금 나이대가 있는 의류들이 있다. 베이직하고 데일리

하거나 편안한 의류들을 많이 판매하고 있다.

- 전 층: 20~40대 여성의류 및 잡화

3) DWP(동원프라자)(23:00~11:00)

전체적으로 환경이 쾌적한 환경하고 규모도 큰 매장들로 이루어져 있다.

스타일리시하고 유니크한 가성비 좋은 여성의류 위주로 판매되고 있으나

80% 이상 중국 사입 제품으로 판단된다.

- 전 층: 10~30대 여성의류 및 잡화

4) 테크노(23:00~11:00)

동대문 전체를 통틀어 가장 저렴하게 판매하는 매장들이 모인 건물이다. 동

일한 품질이지만 베이직한 기본 제품을 찾는다면 테크노를 추천한다.

- 전 층: 10~40대 여성의류

끝내, 당신은 뭐든 해낼 겁니다

5) 벨 포스트(20:00~05:00 / 1층은 매장별로 영업시간 및 휴무 상이)

층별로 운영시간이 상이하기 때문에 거래하는 매장의 운영시간을 잘 체크
해야 한다. 편안한 남녀공용 의류와 조금 나이대가 있는 제품들이 주를 이
루고 있다.

- 지상 1~3층: 여성의류 및 남성의류
- 지하 1층: 아웃도어 스타일

6) 남평화(00:00~12:00)

대체로 평범하거나 편안한 의류들을 많이 판매하고 있지만 가장 유명한 건
가방상가다. 모든 가방은 남평화에서 판매한다고 보면 된다.

- 지상 2~3층: 남녀공용 의류
- 지하 1층~지상 1층: 가죽제품, 가방, 신발

7) 동평화(00:00~18:00 / 층별, 매장별로 운영시간 상이)

아동의류부터 50대 이상 의류와 신발, 속옷도 판매하고 있다.

- 지하 1층~지상 4층: 여성의류, 남성의류, 잡화, 스포츠웨어, 속옷, 신발 등

8) 신평화(지하 1층~지상 3층 21:00~17:00 / 지상 4층 09:00~16:00)

무대복, 댄스복, 속옷, 내의 등 판매를 하고 있으며 주로 동남아, 중국, 일본
으로 수출되는 의류들이 많다.

- 지상 4층: 수출 전문

- 지상 2~3층: 여성 및 남성의류

- 지상 1층: 속옷, 란제리, 스포츠용품

- 지하 1층: 무대복 , 댄스복

9) 신발상가(02:00~14:00)

청계천 라인을 쭉 따라 세워진 모든 건물이 신발상가다. 한국에서 판매되는 모든 신발은 여기서 구매할 수 있으며 매장마다 영업시간이 다른 경우가 많기 때문에 확인 후 방문을 추천한다. 다들 비슷비슷한 신발을 판매하고 있어서 신상 마켓이라는 앱을 이용해 사입을 하는 것이 편리하다.

- A동: 공장 직영점, 가죽 수제화, 댄스화

- B동: 아동화

- C동, D동: 일반 신발

10) APM 플레이스(20:00~05:00)

동대문 역사문화공원 역과 연결되어 있으며 해외 바이어들이 많이 찾는만큼 독특하고 단가가 높은 의류가 많다.

- 지상 1~8층: 20~30대 여성의류

- 지하 2층~지상 1층: 패션잡화 및 파자마

11) APM 럭스(20:00~05:00)

단가가 높고 퀄리티가 좋은 상품들이 많으며 전체적으로 유니크한 제품들이 많이 있다.

- 지상 1~7층: 20~30대 여성의류
- 지하 2층~지상 1층: 패션잡화

12) APM(20:00~08:00)

20~30대 트렌디한 남성의류가 있는 건물이며 여성의류의 퀄리티가 상당히 좋다. 밤 시장 중에서는 최대 규모 건물이며 쾌적한 사입 환경을 제공한다.

- 지상 4~7층: 20~30대 남성의류
- 지하 1층~지상 3층: 20~30대 여성의류

13) 누죤(20:00~06:00)

여성복, 남성복, 잡화, 수입제품 등 다양한 제품들을 한눈에 볼 수 있고 남성의류의 규모가 큰 편이다.

- 지상 5~6층: 20~30대 남성의류
- 지상 3~4층: 20~30대 남성의류 및 수제화
- 지하 2층~지상 2층: 20~40대 여성의류

14) 디자이너 클럽(20:00~06:00)

여성복이 가장 유명한 건물이다. 가방, 신발 등의 잡화 퀄리티가 좋고 연령대와 스타일별로 세분화되어 있다.

- 지상 4~5층: 20~40대 여성의류
- 지상 1~3층: 20~30대 여성의류

15) DDP 패션몰(20:00~05:00)

예전의 유어스에서 이름이 바뀐 건물이다. 유니크하고 트렌디한 의류들이 많이 있다.

- 지상 1~3층: 20~30대 여성의류

16) 혜양 엘리시움(21:00~07:00)

유아동복 특화 상가라고 볼 수 있고, 준도매 매장들이 많이 있다.

- 지하 1층~지상 3층: 유아동 의류 및 잡화

17) 스튜디오 W(21:00~05:00)

남성복 매장과 여성의류를 한 번에 볼 수 있는 매장이다. 잡화 또는 빅사이즈 의류로 많이 구성되어 있다.

- 지상 3~5층: 남성의류
- 지상 1~2층: 여성의류

- 지하 1층: 잡화

18) 맥스타일(10:00~05:00)

40~60대 여성의류 상가인 제일평화에서 파생된 매장들이 많이 입점되어 있다. 모피 또는 좋은 퀄리티의 의류를 사입할 수 있다.

- 지상 6층: 가죽 및 모피 제품
- 지상 1~5층: 40~60대 여성 의류

19) 팀 204(20:00~05:00)

단가는 조금 있지만 제품 스펙트럼이 넓은 건물이다.

- 지상 6층: 여성 의류(원피스가 많다)
- 지상 4층~5층: 20~30대 남성의류
- 지상 3층: 아동복
- 지하 1층~지상 2층: 신발, 잡화, 주얼리

20) 퀸즈스퀘어(20:00~05:00)

국내 최대의 모피/가죽 도매상가다.

- 지상 6층: 가죽, 모피, 무스탕, 고가 제품
- 지상 2~5층: 20~40대 여성의류
- 지하 1층~지상 1층: 40~60대 여성의류

동대문은 도매시장이라는 상가 특성상, 단 1장만 구매할 수는 없다. 동일한 제품이라도 2장을 구매해야 하고, 컬러가 다양하다면 컬러별로 최소 1장씩 총 2장 이상을 구매해야 한다. 또한 현금거래나 계좌이체 거래만 가능하기 때문에 경비로 인정받기 위해서는 매입세금계산서를 반드시 수취해야 한다. 그리고 무엇보다 동대문은 99%의 매장이 환불이 되지 않는다는 점을 명심하자.

그럼 이제 실제로 사입을 어떻게 진행하는지 용어를 알아보도록 하자.

3. 필수 사입 용어

1) 호칭(언니 / 오빠 / 삼촌 / 이모)

매장과 친해지면 사입비를 지불하지 않아도 샘플 거래를 할 수 있기 때문에 최대한 친근하게 접근하는 게 좋다. '저기요!' 같은 호칭은 일반 쇼핑족으로 보이게 할 수 있다.

2) 사입 삼촌

쇼핑몰이나 오프라인 매장을 대신해서 사입해주시는 분들을 말한다. 업체에서 주문 건이 생길 경우 직접 방문해서 물건을 들고 오기 어렵거나 위치가 멀다면 사입 삼촌을 활용해야 한다. 사입 삼촌의 비용은 매장 1곳 픽업당

1,500원에서 3,000원까지 다양하며, 동대문 근처 지역이라면 오전 시간에 직접 가져다주시고, 이외 지역은 당일 택배나 물류로 보내주신다. 사입 삼촌은 '동대문 사입 정복' 네이버 카페에서 구하는 것이 가장 쉽고 안전하다.

3) 대납

사입 삼촌이 도매처에 당일 사입비를 대신 납부해주는 '대신 납부'를 줄인 말이다.

4) 깔

의류의 컬러를 말한다.

예) "이거 깔이 어떻게 나왔어요?" – "총 5깔이에요."

5) **나오시**: 상품 불량을 말한다.

6) **장끼**: 영수증

예) "장끼는 봉투 안에 넣어주세요." / "장끼에 혼용률 적어주세요."

7) 미송

재고가 없는 제품에 대한 값을 미리 지불하고 예약을 걸어두는 방식이다. 제작이 완료되면 먼저 받아볼 수 있다.

8) **세금 자료**: 세금계산서

예) "자료 발행은 5일 전에 마감입니다."

9) **단가**: 제품의 가격

10) **낱장**: 1장

11) **고미**

전 사이즈나 전 색상을 1장씩 사입할 때 사용한다.

예) "한 고미 주세요." = "사이즈별로 1장씩 주세요."

12) **매입**

미송을 걸어둔 상품이 품절이거나 불량일 경우 교환받지 않고 다음 결제에 사용하도록 거래처에 쌓아두는 돈이다.

13) **잔을 깔다**

미리 물건을 가져가고 지불은 주에 1회 또는 월에 1~2회씩 하는 방식이다. 규모가 큰 거래처에서 흔히 이용하는 방법이지만, 1번의 실수로도 도매처와의 신뢰도가 떨어질 수 있으니 추천하지 않는다.

끝내, 당신은 뭐든 해낼 겁니다

동대문에 직접 가기 어렵거나 부업으로 시작하는 경우에는 동대문 사업 앱인 '신상 마켓'을 추천한다. 90% 이상의 도매처가 입점되어 있고 실제 판매가와 앱 내의 금액은 동일하다. 대신 신상 마켓 가입을 위해서는 사업자등록증 사진과, 사업자등록증과 동일한 이름으로 사입한 영수증^쩨 사진 인증이 필요하다.

의류가 아닌 타 제품을 판매하고자 한다면 남대문이라는 곳도 존재한다. 남대문도 마찬가지로 '남도 마켓'이라는 앱이 있는데, 남대문에 있는 모든 제품을 사입할 수 있다.

중국 사입의 경우 저렴하다는 장점이 있지만 배송이 오는 데까지 시일이 많이 걸리기 때문에 추후 재고를 쌓아두고 판매할 수 있는 매출 수준에 이른다면 도전해봐도 좋다. 보통 알리바바 1688, vvic, 17 사이트를 많이 이용한다. 알리바바 1688에서 물건 사진을 다운로드한 후, 그 사진을 이용해 vvic나 17 사이트에서 검색해보면 더 저렴하게 가져올 수도 있다. 다만 구매대행이나 배송대행을 이용해야 하기 때문에 원가를 잘 계산하는 방법 또한 터득해야 한다.

구매를 부르는
제품 사진 촬영

사입을 마쳤다면 이제 제품 사진을 촬영해야 할 때다. 촬영에 앞서 가장 먼저 생각해야 할 점은, 소비자들이 내가 촬영한 사진만 보고 구매를 한다는 사실이다. 시간이 아깝다고 대충대충 빠르게 촬영하거나, 색감 보정을 지나치게 해서 실제 색상과 다르게 보인다거나, 모델 얼굴에 치중한 나머지 의류나 잡화가 보이지 않게 만든다거나, 각도나 촬영 스타일을 판매용이 아닌 감성 SNS나 블로그처럼 하진 않았는지 반드시 확인해야 한다.

의류나 잡화 쇼핑몰의 컷은 보통 3가지로 나뉜다. 얼굴 없이 바디만 촬영하는 경우, 모델 얼굴이 노출되게 촬영하는 경우, 마네킹 컷이나 제품 컷만 촬영하는 경우.

나는 사람이 실제로 입어서 핏을 보여주는 게 소비자들에게 어필하기 가장 좋다고 생각한다. 또한 너무 과하게 몸매 보정을 하거나, 옷핀으로 옷의 형태를 타이트하게 잡는 건 좋지 않다.

촬영 장소의 선정 또한 중요한 요소 중 하나다. 스튜디오를 대관해서 실내 촬영을 할 수도 있고, 카페를 대관해서 데일리한 느낌을 연출할 수도 있다. 또는 아예 야외 촬영으로 더욱 입체감 있고 실감 나는 촬영을 할 수도 있고, 거울로 직접 셀프 촬영을 하는 방식도 있다.

모든 것을 시도해본 후 자기 쇼핑몰 스타일과 가장 잘 어울리면서도 촬영하기 편리한 방식을 선택하는 것이 좋다.

1. 스튜디오 이용 시

렌탈 스튜디오는 어느 지역에나 많이 있다. 네이버나 인스타그램에 자신이 거주하는 지역명과 렌탈 스튜디오를 검색해서 촬영할 옷과 패션잡화에 어울리는 분위기의 스튜디오를 선택하면 되는데, 보통은 최소 2시간부터 대관이 가능하다.

2시간이면 초보자의 경우 약 10벌 정도 촬영이 가능하고, 모델과 포토그래퍼의 합이 잘 맞으면 15~20벌까지도 찍을 수 있다. 시간당 렌탈비는 1만 원부터 10만 원 이상까지 다양하며, 평균적으로 5만 원 정도 한다고 보면 된다.

스튜디오를 선택하기 전에는 로드뷰를 이용해 스튜디오의 향(向)을 확인해야 한다. 나는 모든 시간대에 빛이 꾸준히 들어오는 남향을 추천한다. 촬영 시간은 빛이 가장 오래 머무는 시간대인 오전 10시~오후 3시가 좋다. 카메라와 연동되는 조명을 사용하지 않고 휴대폰으로 촬영을 하는 경우엔 스튜디오의 조명을 모두 끄고 촬영해야 가장 예쁜 자연광으로 컷을 건질 수 있다.

2. 카페 대관 이용 시

현재는 모든 카페에서 상업적인 촬영이 금지되어 있다. 스튜디오와 동일하게 대관해 촬영할 수 있고, 비용은 천차만별이다. 원하는 카페가 있다면 직접 연락하여 대관 유무와 비용을 물어보자.

카페 대관은 많은 쇼핑몰에서 애용하는 방법이다. 소비자들이 보고 '나도 저 사람처럼 입고 나가고 싶다'는 생각을 심어주기 좋기 때문이다.

3. 야외 촬영 시

야외에서 촬영하면 자연스럽고 예쁜 사진을 연출할 수 있지

끝내, 당신은 뭐든 해낼 겁니다

만, 날씨와 주위 시선의 영향을 받을 수밖에 없다. 나는 이른 오전에 촬영하기를 가장 추천한다.

야외 촬영에는 의류를 갈아입거나 짐을 싣고 다닐 용도의 차량이 필요하기 때문에 조금 번거로울 수도 있다. 하지만 다양한 배경에서 촬영을 할 수 있기 때문에 상세페이지에 정성을 가득 담아 보여줄 수 있다는 건 큰 장점이다.

4. 셀프 촬영 시

흰 벽이나 흰 천만 있다면 집에서도 충분히 촬영이 가능하다. 자연광을 이용하는 게 좋으며, 창가 옆에 전신 거울을 두어 거울 셀프 컷을 촬영하거나 삼각대를 설치해 촬영하면 좋다.

벽이나 바닥에 흰 천을 깔면 더욱 깔끔하게 촬영할 수 있고 가장 간단한 방법이라 많은 업체들이 이용하고 있다. 다만 스타일에 구애를 받을 수 있어 주로 10~20대 쇼핑몰에 특화된 촬영 방법이라고 할 수 있겠다.

추가로 제품 단독 컷을 촬영하는 경우에는 실제로 보는 것과 같은 컬러로 보정할 수 있게 흰 벽이나 누끼 보드를 이용하는 것이 가장 좋다. 행거에 모든 컬러를 걸어 한 번에 촬영하는 방식도 편리하다.

모든 디테일을 꼼꼼하게 보여주는 것이 중요하기 때문에 의류의 경우 넥라인, 소매 라인, 밑단, 앞면, 뒷면, 어깨선, 포켓, 견장, 벨트 등 다양한 디테일 요소를 모두 촬영하는 것을 추천한다.

입점할 수 있는 플랫폼은
차고 넘친다

　요즘은 자사몰 1개만으로는 충분한 매출을 끌어올리기가 힘들다. 자사몰이란 나만의 도메인이 있는 개인 사이트인데, 초반부터 SNS나 포털사이트를 통해 자사몰을 홍보하기도 힘들뿐더러, 첫 구매 고객이 단골이 되어 사이트에서 주는 혜택을 누릴수도 없기 때문이다.

　나는 일단 가급적 많은 판매 플랫폼에 입점하는 방향을 추천한다. 그럼 자연스럽게 내 제품이 홍보되고 쇼핑몰 이름이 알려지면서 실제 판매까지 이루어진다. 수수료가 많이 나가는게 싫어 입점을 하지 않는 경우도 많지만, 사실 이는 무차별적 타깃을 대상으로 버리게 되는 마케팅비 대신 사용되는 금액이다.

아래는 현재 입점이 가능한 패션 플랫폼들에 대한 정보다.

1. 지그재그

한국에 있는 여성 의류 및 여성 잡화 쇼핑몰들을 모아놓은 최대 규모의 쇼핑 앱으로, 모든 쇼핑몰들을 여기서 다 볼 수 있다. 그리고 쿠팡에 쿠페이, 네이버에 네이버페이가 있는 것처럼 Z페이라는 시스템으로 한 번에 여러 쇼핑몰 제품을 구매할 수 있게 되어 있다. 또는 Z페이를 사용하지 않는 조건으로 내 사이트로 연동만 되는 형식의 입점료와 판매 수수료가 전혀 없는 무료 입점 및 판매도 가능하다.

입점 조건은 카테고리가 4개 이상, 각 카테고리별로 제품은 12개 이상씩 업로드가 되어 있는 것이다. 총 48개의 제품이 판매 중 상태여야 한다는 뜻이다. 입점 신청 후 심사기간은 영업일 기준 5~10일이 소요된다.

또한 Z페이를 사용하는 조건으로 입점을 했다면 판매 수수료 및 결제 수수료가 5.5% 부과된다.

정산일은 고객의 구매 확정 후 7일 뒤로, 평일 주 5일에 매일 입금된다.

2. 브랜디

여성 의류나 여성 잡화를 판매하는 셀럽, 스토어팜, 블로그 마켓, 일반 판매자, 쇼핑몰, 브랜드를 모아놓은 쇼핑 플랫폼이다. 지그재그와는 다르게 쇼핑몰이 아닌 일반인도 입점 가능하기 때문에 투잡이나 부업으로도 많이 이용하는 플랫폼이다. 다만 SNS 감성을 기반으로 한 데일리한 콘셉트의 상품만 입점을 받고 있어, 청소년 유해 물품홀복, 이벤트 속옷 등은 판매할 수 없다.

브랜디는 고객 변심일 경우라도 착용 흔적만 없다면 100% 환불하도록 제도화하고 있으며, 전 상품을 무료배송으로 판매해야 한다. 서버 이용료는 매달 45,000원씩 납부해야 하고, 결제 수수료는 약 3~4% 정도 따로 부과, 판매 수수료는 13%가 부과된다.

브랜디에는 두 가지 입점 방식이 있다. '일반 셀러'와 '헬피 셀러'다. 일반 셀러는 일반 쇼핑몰처럼 직접 상품을 셀렉하고 촬영, 보정, 업데이트, CS문의, 배송까지 모두 직접 하는 셀러이다. 헬피 셀러는 상품을 셀렉하고 촬영하고 보정해서 업데이트만 해두면 브랜디에서 직접 금액을 책정해서 판매, 배송, CS문의까지 대행해주고 수수료가 90% 책정되는 방식이다.

직장을 관둘 수는 없지만 옷은 팔고 싶은 사람이 있다면 부업으로 헬피 셀러를 해보는 걸 추천한다. 헬피 셀러는 브랜디에서 제공하는 헬피 쇼룸을 이용할 수 있기 때문에 직접 동대문에 나가지 않더라도 쇼룸에서 의류나 잡화를 무료로 빌려와서 촬영할 수 있다. (2022년 현재는 서비스가 잠시 종료된 상태지만 코로나 사태가 끝나면 다시 진행하지 않을까 싶다.)

헬피 셀러와 일반 셀러는 동일한 쇼핑몰 이름으로 겸업 또한 가능하다. 나도 현재 동일한 쇼핑몰을 헬피와 일반으로 판매하고 있는데, 동일한 쇼핑몰인데도 가격 경쟁은 일어나지 않는다. 그 이유는 일반에서 1만 원으로 책정되어 있는 옷이 헬피에서는 1만4천 원에 책정되어 있는 대신 당일배송으로 판매되고 있기 때문이다. 조금 비싸더라도 당장 내일 입어야 하는 고객은 헬피 셀러에서 구매를 하고, 배송이 1~3일 정도 걸리더라도 저렴하게 구매하고 싶은 고객은 일반 셀러에서 구매를 한다.

정산일은 월 2회이며, 매달 5일_{전월 16일~말일 구매 건}과 20일_{당월 1일~15일 구매 건}에 각각 정산된다.

3. 에이블리

브랜디와 마찬가지로 여성 의류나 여성 잡화를 판매하는 셀럽, 스토어팜, 블로그 마켓, 일반 판매자, 쇼핑몰, 브랜드를 모아 놓은 쇼핑 플랫폼이다. 에이블리 또한 쇼핑몰이 아닌 일반인도 입점이 가능하기 때문에 투잡이나 부업으로도 많이 이용하는 플랫폼이다.

에이블리는 특이하게 판매 수수료가 없다. 대신 결제 수수료 3.96%와 서버 이용료를 매달 49,000씩 부과하고 있고 브랜디와 동일하게 전 상품을 무료배송으로 판매해야 한다. 가격 정찰제라는 시스템이 있어 자사몰이나 블로그 마켓, 스토어팜이 있는 업체라면 모두 가격을 동일하게 설정해두어야 한다.

브랜디의 헬피 시스템과 마찬가지로 '파트너스'라는 입점 방식이 있어, 상품을 등록해두기만 하면 에이블리에서 판매를 대행한다. 정산일은 월 2회이며 매달 10일전월 16일~말일 구매 건과 25일당월 1일~15일 구매 건에 각각 정산된다.

4. 룩핀

남성 의류와 여성 의류 모두 입점이 가능하다. 스트릿한 의류 위주로 판매되고 있으며 전 상품을 무료배송으로 판매해야 한다. 판매 수수료는 14%이고 매주 목요일마다 정산을 하고 있다.

5. 하이버

브랜디에서 만든 남성의류 쇼핑 플랫폼이다. 운영원칙은 브랜디와 동일하며 수수료가 꽤 비싼 편에 속한다. 약 30% 정도 되기 때문에 의류 단가나 마진이 높은 업체들에게 추천하는 플랫폼이다. 정산일은 월 2회이며 매달 5일전월 16일~말일 구매 건과 20일당월 1일~15일 구매 건에 각각 정산된다.

6. 오픈마켓

G마켓, 11번가, 옥션, 쿠팡 등이 오픈마켓에 해당된다. 이런 사이트들은 카테고리별로 수수료가 상이해, 약 3%에서 최대 15%까지 다양하게 분포되어 있다. 10~30대 의류 업체에는 추천하지 않지만 40대 이상의 의류 업체 또는 잡화 업체들은 충분히 판매 가능성이 있는 플랫폼이다.

10년차만 알려줄 수 있는
쇼핑몰 꿀팁

10년간 사업을 하다 보니 느껴지는 게 있다. 사업이란 건 어느 정도 잔머리가 필요한 영역이라는 것이다. 너무 정석대로 하면 성공 궤도에 빨리 진입하기가 힘들다. 또한 나라에서 지원해주는 사업자 혜택들을 놓치고 사업을 하는 사람이 있다. 우선 온라인 쇼핑몰을 시작한 후 가장 많이 힘들어하는 부분에 대해서 먼저 짚고 넘어간 후 나라에서 제공하는 사업자 혜택에 대해 알아보도록 하자.

- 촬영용 스튜디오 비용이 만만치 않을 때
- 신상을 사입해야 하는데 돈이 없을 때

- 포토샵을 못해서 업데이트 시간이 오래 걸릴 때

- 사입 삼촌을 구하는 시기

- 세무 대행(세무사)를 이용할 때 주의점

- 모델을 구하는 방법

쇼핑몰 대표들을 컨설팅할 때 가장 많이 들어오는 6가지 질문이다. 알고 보면 정말 간단한 얘기다.

촬영용 스튜디오 비용의 경우 시간당 5만 원으로 계산했을 때 최소 시간인 2시간이면 10만 원이 지출된다. 옷을 행거에 걸고 코디를 하고 스팀 다림질을 하는 시간을 포함해 초반엔 약 10코디 이내로 촬영을 할 수 있다.

그럼 스튜디오 비용을 줄이려면 어떻게 해야 할까? 먼저 시간을 절약해서 더 많이 촬영하는 방법이 있다. 촬영 전날 미리 코디와 스팀 다림질을 마친 뒤 차량용 행거에 옷을 걸어서 가져가는 방법도 있고, 차량이 없다면 옷을 두툼한 담요나 니트를 안에 두고 접어서 캐리어나 큰 봉투에 넣어 가져가는 방법도 있다. 그러면 스튜디오에 도착할 때까지 옷이 구겨지지 않고 깔끔한 상태로 보관된다. 우리는 이렇게 준비시간을 절약하여 모델 포함 2~3명의 인원으로 2시간에 15~20코디 정도를 촬영한다.

다음으로는 스튜디오를 다른 업체와 쉐어하는 방법이다. 여러 카페나 SNS를 통해서 스튜디오를 함께 사용할 소규모 업체를 모집하고 금액을 배분하여 함께 촬영하는 것이다. 나도 초반에는 스튜디오 비용이 부담되어 다른 쇼핑몰과 함께 사용하기도 했다. 이들은 현재까지도 좋은 인연이 되고 있다.

마지막으로는 촬영을 직접 하지 않는 방법이다. 아이폰을 이용해 감성적인 느낌으로 촬영해주는 촬영 대행업체를 이용하면 된다. 스튜디오 2시간 비용보다 많이 들어가는 건 당연하지만, 사진 촬영에 어려움이 있거나, 직접 촬영한 컷으로는 구매가 잘 이루어지지 않거나, 늘 만족스럽지 않은 촬영을 해왔다면 오히려 대행업체를 통해 전문적으로 촬영을 해서 사이트 분위기를 통일성 있게 유지해주는 방법도 좋다. 촬영 대행업체 또한 SNS나 포털사이트에 검색하면 간단히 찾을 수 있다.

신상을 사입해야 하는데 돈이 부족한 경우에는 동대문에서 무료로 샘플을 제공받아 촬영을 하고 반납하는 방법이 가장 좋다. 다만 처음 거래하는 매장에서는 샘플을 챙겨주지 않는다. 보통 오래 거래하거나 거래량이 많은 매장에서만 샘플을 제공해주기 때문에 초반에는 전부 사입을 할 수밖에 없다. 한 달에 사입하는 신상 금액이 50만 원을 넘을 경우 차라리 '샘플 삼촌'을 활용하는 방법을 추천한다. 샘플 삼촌이란 사입 삼촌과 비슷한 개념인데, 주문 건에 대한 사입을 대신해주는 것이 아니라 샘플만 가져다주는 거래를 하는 것이다.

보통은 한 달에 40~50만 원 정도의 비용이 들고, 신상 마켓을 통해 원하는 매장의 제품을 고른 후 샘플 삼촌에게 말씀드리면 그 매장에 가서 첫 거래여도 샘플을 받아주신다. 샘플 삼촌들은 매장과의 신뢰도가 높기 때문에 가능한 거래 방식이며 100%는 아니더라도 70~80% 정도는 샘플을 받을 수 있다. 실제로 이 방법을 통해 많은 쇼핑몰들이 사입을 해서 재고를 두지 않고 샘플로만 시작하는 업체가 많이 있다.

포토샵이 어려워 업데이트 속도가 늦어진다면, 딱 한 장만 보정을 한 후 포토샵을 이용해 액션을 만들어 보정 기록을 붙여넣기하는 방법이 있다. 또한 휴대폰으로 촬영을 했을 경우 색보정을 할 때 vsco 앱을 이용해 손쉽게 보정을 해도 화질이 전혀 저하되지 않는다.

상세페이지를 만드는 시간이 오래 걸린다면 키위 스냅처럼 상세페이지 템플릿을 제공해주고 사진만 올리면 손쉽게 제작이 가능한 서비스를 사용하는 것이 금액 대비 시간으로 따지면 훨씬 이득이다.

끝내, 당신은 뭐든 해낼 겁니다

사입 삼촌의 경우 수도권이 아닌 곳에서 사업을 하는 분들의 경우 동대문에 직접 방문하기 힘들어 초반부터 많이 이용하는 경우가 많다. 그러나 직접 픽업 후 집 앞까지 가져다주는 사입 삼촌이 아닌 픽업만 한 후 택배 거래를 이용하는 삼촌이라면 거리가 멀수록 물건이 도착하기까지 긴 시간이 소요되므로, 차라리 신상 마켓처럼 동대문 사입 앱에 있는 당일 배송 서비스를 이용하는 것이 현명하다.

또한 물건은 적지만 픽업하는 매장 개수가 많은 경우에는 매장당 1,000~3,000원의 픽업비가 발생하는 것을 생각해 건당 사입 삼촌이 아닌 월급제 사입 삼촌을 활용하는 것이 저렴하다. 반대로 물건은 많되 픽업하는 매장이 적은 경우엔 건당 삼촌으로 저렴하게 이용하거나, 물건이 급하지 않다면 매장별로 택배 거래를 하는 방법도 좋다.

중요한 건 건당 삼촌이든, 월급 삼촌이든, 샘플 삼촌이든 삼촌 이용료에 대해서는 무조건 세금계산서를 발급받아야 한다는 점이다. 모두 부가세에서 경비처리할 수 있으므로 삼촌에게 한 달 치 이용료에 대한 10%를 이체한 후 계산서를 발급받도록 하자. 여기서 혹시 삼촌이 사업자등록증이 없다면 문제가 된다. 사업자등록증이 없는 개인 삼촌들은 계산서 발급 목적으로 10%의 금액을 받은 후 친한 매장이나 자료상에 가서 허위 세금계산서를 발급한다.

내가 잘못한 게 없더라도 허위 세금계산서를 받은 사실이 적발되면 해당 거래에서 발생된 매입 세액은 모두 불공제 처리되며, 부정행위로 인한 과소신고 가산세, 세금계산서 불성실 가산세, 납부 지연 가산세 등 추가 세액이 부과된다.

그리고 세무 대행을 이용하는 방법의 경우 쇼핑몰 전문 세무사를 이용하도록 하자. 쇼핑몰의 경우 일반 사업체와 다르게 다양한 판매처에서 다양한 거래 방식과 결제 수단으로 매출이 발생되고, 특히 동대문 거래의 경우 통장에서 이체되지 않는 현금 거래가 많기 때문에 유통구조를 파악하지 못한 일반 세무사 사무실에서는 놓치는 부분이 많다.

나의 경우 처음 기장을 맡긴 세무사 사무실이 부동산을 전문으로 하는 곳이다 보니, 매출을 확인하는 절차가 플랫폼마다 다른 탓에 유통구조를 정확하게 이해하지 못하고 매출을 누락시켜 신고하는 사고가 있었다. 두 번째 세무사 사무실의 경우 현금거래가 많은 오프라인 업체를 전문으로 하는 곳이었는데, 믿고 맡겼다가 큰 화를 부른 적이 있다. 세무사가 자의적으로 매출을 누락시켰기 때문이었다. 세무사 측에서는 오프라인의 경우 현금거래로 이뤄지기 때문에 일정량의 매출을 자연스레 누락시키며 탈세를 하는 것이 당연한 절차였다고 변명했다.

쇼핑몰의 경우 온라인 매출은 모두 국세청으로 바로 전송되고, 고객 요청이 없어도 현금 입금 거래는 모두 100% 현금 영수증 발급을 해주고 있었기 때문에 매출을 누락시키면 바로 적발될 수밖에 없었다. 그렇게 두 번이나 무지해서 세금 폭탄을 맞고 난 후, 나도 쇼핑몰 전문 세무사로 옮겼다.

모델을 구할 때 모델 전문 카페나 에이전시를 고집할 필요는 없다. 그리고 평균 또는 평균 이상의 몸매를 구하면 쇼핑몰을 찾아오는 고객도 충분히 자기 몸을 대입해서 참고할 수 있으니, 구매 결정에 도움이 된다. 내 경우 늘 인스타그램 해시태그로 모델을 찾고 있고 직접 연락해서 캐스팅, 또는 사이트와 아르바이트 플랫폼에 모델 공고문을 올려 채용하고 있다. 초보 모델은 시간당 1~2만 원부터, 경력이 조금 있는 모델은 3~4만 원, 타사에서도 활동하며 인지도가 있는 모델은 5~20만 원까지 다양하다.

마지막으로 하이라이트! 나라에서 챙겨주는 사업자 혜택에 대한 얘기다. 많은 사람들이 사업을 하면서 간과하고 있는 사실인데, 우리는 나라에 세금을 내는 것에 불평하며 사업을 하지만, 사실 나라도 사업자를 생각해주는 제도가 꽤 많이 있다.

1. 스마트 스토어(스타트 제로 수수료)

이제 막 사업을 시작한 대표들을 대상으로 진행하는 제로 수수료 이벤트다. 이건 나라에서 챙겨주는 것은 아니지만 그래도 스마트 스토어로 시작하는 대표들에게 좋은 혜택이 될 것 같다.

1) 국내 사업자만 가능하다.

2) 가입 승인일: 일반 13개월 미만 / 간이 20개월 미만(신청일 기준)

3) 주문관리 수수료 12월 간 무료 지원(순결제 금액 매월 500만 원까지)

4) 매출 연동 수수료 6개월간 무료 지원(한도 없음)

5) 1개의 사업자로 여러 개 스토어가 운영돼도 1개만!

2. 창업 중소기업 세액 감면 혜택

조세특례 제한법 제6조에 해당하는 내용으로, 소득세나 법인세를 50~100%까지 감면해주는 제도이다.

1) 창업 후 소득이 발생한 연도부터 5년이 되는 과세연도까지 해당 사업에서 발행한 소득에 대해서는 법인세 또는 소득세의 50~100% 감면 가능

2) 최초 창업자에게만 혜택이 있다.

3) 법적으로 가능한 사업이어야 한다.

4) 15~34세 청년 대상

5) 100% 산정 기준 = 사업장 주소지가 수도권 과밀억제권역이 아닌 경우

6) 50% 산정 기준 = 사업장 주소지가 수도권 과밀억제권역에 있는 경우

3. 고용을 증대시킨 기업에 대한 세액 공제 혜택

조세특례 제한법 제29조 7에 해당하는 내용이다. 전년도보다 고용이 늘어났으면 3년 동안 내야 할 법인세, 소득세에서 직원 1인당 1년 동안 일정 금액을 공제해주는 제도이다. 다만 이 제도는 2022년 12월 31일이 속하는 과세연도까지의 기간 중 해당 과세연도의 상시근로자 수가 직전 연도의 상시근로자 수보다 증가한 기업이 대상이다.

1) 수도권 내에서 창업 후 15~29세 직원 채용 시 1년간 1,100만 원 감면

2) 수도권 외에서 창업 후 15~29세 직원 채용 시 1년간 1,200만 원 감면

3) 청년 채용이 아닌 경우 수도권 700만 원 감면, 비수도권 770만 원 감면

4. 중소기업 사회보험료 세액공제 제도

조세특례 제한법 제30조 4에 해당하는 내용이다. 중소기업의 상시근로자 수가 증가한 경우 증가한 상시근로자 1인당 사회보험료 부담금액의 50~100%를 소득세나 법인 세액에서 공제해주는 제도이다. 상시근로자 수 10명 미만이고 법인세, 소득세 과세표준이 5억 원 이하인 기업이 해당된다. 청년 근로자에

게 지급하는 임금이 최저임금의 100~120%인 경우 4대 보험료에 해당되는 금액 중 100% 전부를 공제해준다.

5. 청년 일자리 도약 장려금

2022년에 새로 생긴 지원금이다. 5인 이상의 중소기업 중 요건에 해당하는 기업이 청년을 채용할 경우 월 80만 원씩 1년간 최대 960만 원을 지원받을 수 있다.

1) 신청 직전 월부터 1년 동안 고용보험에 가입한 직원 수 평균 5인 이상인 기업(단, 5인 미만이어도 신청 가능한 기업은 성장유망업종, 지식서비스산업 관련, 문화 콘텐츠산업 관련, 신재생에너지산업 관련, 사업 개시일로부터 7년 이내 청년 창업 기업, 미래 유망 기업)

2) 채용일을 기준으로 6개월 이상 직업이 없는 15~34세 청년을 고용한 경우

6. 두루 누리 사회보험료 지원 사업

소규모 사업을 운영하는 사업주와 소속 근로자의 사회보험료의 일부를 국가에서 지원하는 제도이다.

1) 상시근로자 수가 10명 미만인 사업장

2) 사업자와 근로자가 부담하는 고용보험 국민연금을 80% 지원

3) 월평균 230만 원 미만으로 급여가 책정된 근로자만 지원 가능

끝내, 당신은 뭐든 해낼 겁니다

국내 고객에
한정되지 마라

나는 현재 국내 매출과 해외 매출의 비중이 비슷하다. 당연히 국내에도 많은 고객이 있지만 연령층과 스타일까지 생각해보면 온라인 쇼핑을 가장 많이 하는 20~30대 인구는 한국 전체의 30%도 되지 않는다. 좋아하는 스타일과 특정 제품군을 구매하는 소비자들로 나눠보면 실제 구매하는 비중은 굉장히 한정적이다.

많은 온라인 사업자들이 국내에서도 판매가 안 되는 걸 해외에 판매해봤자 의미가 없다고 생각한다. 그러나 한국에서 유명하지 않은 많은 수의 쇼핑몰들이 이미 해외에서 충분히 자리를 잡았고 상위 대형 쇼핑몰들은 해외 매출의 비중이 더 큰 경우도 많다. 특히나 케이팝의 영향으로 한국 연예인들과 일반인들이 착용하고 사용하는 모든 것들에 대한 구매 비중이 상당히 높은 편에 속한다.

현재 한국에서 해외로 수출하기에 가장 좋고 쉬운 루트는 가까운 일본이나 대만, 홍콩, 중국, 베트남 등지이며, 더 멀리 미국, 유럽권에서도 판매가 이루어진다. 물론 배송비가 물건의 가격보다 비싼 경우도 있지만 외국 소비자는 한국에 있는 쇼핑몰들을 하나의 브랜드로 생각하기 때문에 비싼 배송료를 지불하면서까지 많이 구매를 하고 있다.

배송을 보내는 방법 또한 생각보다 간단하다. 카페24 호스팅사를 이용해서 자사몰을 운영하는 경우 '쉬운 해외 판매' 서비스를 제공받을 수 있다. 페이팔과 같은 해외 PG사를 계약하면 '패스트 박스'라는 상품 보관, 해외 발송 등 글로벌 쇼핑몰에 필요한 전반적인 물류 관리를 대행해주는 서비스를 사용할 수 있다.

이러한 방법이 어렵고 아직까지 자사몰에 들어오는 외국 고객들의 비중이 높지 않아 구매가 일어날지 미지수라면, 해외 플랫폼에 입점하는 방법도 있다. 업체가 직접 해외 배송사를 계약해서 보내주는 방식과, 플랫폼에서 운영하는 풀필먼트^{물건을 물류센터로 보내면 플랫폼에서 재포장 후 해외로 배송해주는 곳}에 상품을 보내서 배송을 대행하는 방법이 있다. 그렇다면 상품을 판매할 수 있는 해외 판매처에 대해서 알아보자.

1. 코디북

거의 전 세계에서 구매가 가능한 여성의류 플랫폼이다. 한국 기업이므로 소통이 편리하고 풀필먼트 형식으로 운영이 되기 때문에 하루에 주문이 들어온 제품들을 투명 폴리백과 박스에 한 번에 포장하여 배송 대행지로 보내면 플랫폼에서 검수 후 재포장하여 해외로 출고된다. 자사몰에 있는 제품을 따로 등록할 필요 없이 자동으로 수집해간다는 장점이 있다. 입점비는 없으며 수수료는 약 20% 정도 책정된다.

2. 디홀릭

한국에서 운영하던 다홍이라는 쇼핑몰이 글로벌 크리에이티브 플랫폼으로 성장했다. 현재는 여성의류만 진행 중에 있으며 디홀릭을 이용하는 회원수는 무려 230만 명이다. 판매가 가장 많이 이루어지는 곳은 일본으로, 일본 백화점에도 입점이 되어 있을 만큼 규모가 큰 플랫폼이다. 판매하는 제품을 엑셀로 일괄 등록을 할 수 있다는 장점이 있으며 코디북과 마찬가지로 폴리백과 박스에 한 번에 포장해서 물류센터로 보내기만 하면 된다.

입점비는 없으며 수수료는 약 30% 정도 책정된다.

3. 60%

거의 전 세계로 판매가 가능한 남성의류와 여성의류, 패션 잡화를 판매할 수 있는 플랫폼이다. 브랜드 입점량이 많고 담당 MD들과 채팅으로 소통하며 여러 가지 이벤트나 프로모션을 진행할 수 있다. 제품은 연동되지 않고 직접 등록해야 하는데, 업데이트 방법은 생각보다 간단하다. 입점비는 없으며 수수료는 약 20~40% 책정된다.

4. 라자다

여름 시즌에 매출이 가장 높은 동남아 쇼핑 플랫폼이다. 한국으로 치면 G마켓같이 여러 가지 종류를 판매하는 오픈마켓인데, 하나의 셀러 계정으로 태국, 베트남, 싱가포르, 말레이시아, 인도네시아, 필리핀 총 6개 국가에 판매가 가능하다. 판매 수수료는 제품군에 따라 2~10%까지이며, 페이오니아 계좌이체 수수료는 2%로 책정된다.

5. 쇼피

동남아 최대 규모 오픈마켓이며 현재는 싱가포르, 말레이시아, 베트남, 필리핀, 대만, 태국, 브라질, 멕시코까지 판매를 할수 있다. 판매가에 배송비를 포함하여 제품 가격을 책정해야 하며, 현재 판매 수수료는 3%, PG사 이용 수수료 2%, 페이오니아인출 수수료는 1.2%로 총 약 6.2% 정도 된다. 단, 쇼피 판매 수수료는 입점 3개월간 무료다.

6. 아마존

전 세계를 통틀어 가장 유명한 매출 규모 1위의 플랫폼이다. 판매할 수 없는 물건이 거의 없다. 다만 해외 판매처 중에서 가장 비싸고 복잡한 수수료 책정 방식을 자랑하는 오픈마켓이다. 플랫폼 이용료를 매달 45,000원씩 납부해야 하고 판매 수수료는 8~45%까지 다양하며 카테고리별로 전부 다르다.

7. 큐텐

G마켓 설립자 구영배와 이베이의 조인트 벤처로 2010년 설립된 오픈마켓이다. 싱가포르, 인도네시아, 말레이시아, 중국, 홍콩, 일본 총 6개 국가에서 판매가 가능하며 싱가포르에서는 1위 쇼핑 사이트로 자리 잡았다. 사업자등록증이 없어도 개인 셀러로도 가입이 가능하며, 판매하는 제품의 금액에 따라 다르지만 약 7~10% 이상까지 책정된다.

고객이 주는 모든 것은
피드백이다

　판매를 하다 보면 고객에게 다양한 컴플레인 또는 피드백을 받게 된다. 불친절한 코멘트를 남겼다고 해서 모두 블랙 컨슈머는 아니다. 고객이 말하는 문제점들은 모두 빠르게 파악하고 개선해나가야 한다.

　온라인 비즈니스의 최대 단점이자 장점은 대면으로 고객을 상대하지 않아도 된다는 점이다. 얼굴을 마주하지 않아도 되기 때문에 표정이나 말투를 관리하지 않아도 된다는 건 장점이지만, 얼굴을 직접 맞대고 있지 않으니 더욱 심한 말이나 반말까지도 듣는 경우가 많다는 건 단점이다.

　생각보다 다양한 종류의 코멘트를 듣게 되는데, 내가 지금까지 받아온 피드백과 컴플레인을 처리한 방법은 이렇다.

1. 배송 지연

"주문한 지 3일이 넘었는데 대체 언제 오나요?"

정확한 배송 지연 일자를 안내하지 못해서 오는 컴플레인이다. 고객 주문 후 단 하루라도 배송이 지연될 경우 고객에게 문자나 알림톡으로 안내를 해야 한다. 미리 알 수 있는 경우라면 상품명이나 상세 설명에 주문 폭주로 인해 주문 후 2~5일 정도 걸리는 품목이라고 필히 적어두어야 한다.

2. 상품 품절

"재고가 없는데 왜 판매를 했나요?"

해당 문의는 재고를 두지 않고 판매를 하게 되어 받는 항의다. 보통 쇼핑몰을 초반에 오픈하거나 주문량이 많이 없는 제품은 재고를 두지 않고 바로바로 거래처에서 받아오게 되는데, 그 과정에서 물건이 품절이 되는 경우가 많다. 주문량이 1개라도 있는 제품은 늘 1장씩 추가로 구비해두는 것이 좋다.

3. 할인 이벤트

"어제 구매했는데 오늘부터 할인이 들어가네요?"

보통은 할인 이벤트 전에 안내나 할인 예고를 하는 경우는 드물기 때문에, 고객 입장에서 조금 더 저렴한 구매를 위해 융통성 있게 재구매를 추천하는 방법이 가장 좋다.

4. 배송비

"교환 및 환불 배송비는 어디로 입금하나요?"

많은 업체들이 교환 및 환불 배송비를 처리할 때, 고객이 물건을 선불로 보내거나 착불로 보낸 후 계좌로 입금을 받고 있다. 하지만 사실 고객 입장에서는 이체 수수료를 낼 수도 있고 번거롭기도 하다. 이왕이면 고객이 환불받을 금액에서 차감하는 방향으로 처리하는 게 편하다.

5. 상품 불량 및 잡사

"상품을 받았는데 오염 / 불량 / 잡사가 있어요."

검수 과정에서 누락이 된 경우 고객이 물건을 받아봤을 때 오염이나 불량 또는 의류 안에 잡사가 발견되는 경우가 꽤 많다. 더욱 꼼꼼하게 검수를 하면 좋겠지만 사람이 하는 일인 만큼 실수가 있음을 인정하고 당일 교환 및 맞교환 처리를 해주도록 한다.

끝내, 당신은 뭐든 해낼 겁니다

6. 피팅 컷 및 상세 사진 부족

"사진이 너무 적어서 또는 많아서 정확한 핏을 모르겠어요" / "주머니가 있나요?"

판매자는 사진의 개수가 적당하다고 생각할 수 있지만 소비자 입장에서는 보고 싶은 방향이나 구도, 자세가 다를 수 있다. 정자세를 요하는 제품은 늘 정자세도 촬영하도록 하고, 상품 상세 사진은 더 세밀하게 촬영하여 올려두면 된다. 또한 다양한 영상매체가 발달하면서 소비자가 상세페이지에 머무는 시간이 점점 짧아지고 있다. 인스타그램에 의류를 설명하는 영상을 올려두거나 라이브 방송으로 지속적으로 노출한다면, 소비자는 이미 필요한 정보를 갖고 있기에 빠르게 구매하게 된다.

7. 고객 사이즈 미스

"상세 사이즈를 보고 샀는데 저한테 너무 커요."

하단 사이즈를 기재했어도 사람의 체형에 따라 핏은 다르게 나올 수 있다. 상품 설명 부분에 '모델은 S사이즈를 착용했으며 골반이 넓고 허벅지가 있는 체형이라 타이트하게 피팅되었다' 라고 명시해둔다면 마른 소비자들은 자신에겐 조금 더 루즈하게 피팅될 거라 생각하고 구매할 것이다.

8. 반품 및 교환 택배

"제가 택배사에 직접 신청해야 하나요?"

반품과 교환의 경우 모두 판매자가 신청해주는 게 맞다. 고객이 거주하는 주변에 택배사나 편의점이 있을지, 고객에게 그 정도의 시간이 있을지도 모르기 때문에 무조건 판매자가 회수 신청을 도와줘야 한다.

9. 색상이 다른 경우

"상품 상세 컷이랑 실제 받아본 제품의 색이 달라요"

사이트 하단에 모니터나 디바이스 기기의 해상도에 따라 색상이 다르게 보일 수 있다는 안내 문구를 늘 명시해두자. 실제로 확인했을 때 눈에 보이는 것과 조금이라도 다른 경우 색상을 맞추는 작업을 하여 재업로드를 해야 한다.

나 또한 여전히 모든 컴플레인을 피드백으로 받아들이고 그에 대해 개선하고, 개선 후 안내를 확실히 하고 있다. 소비자와 소통하는 판매자야말로 진정한 셀러라고 생각한다.

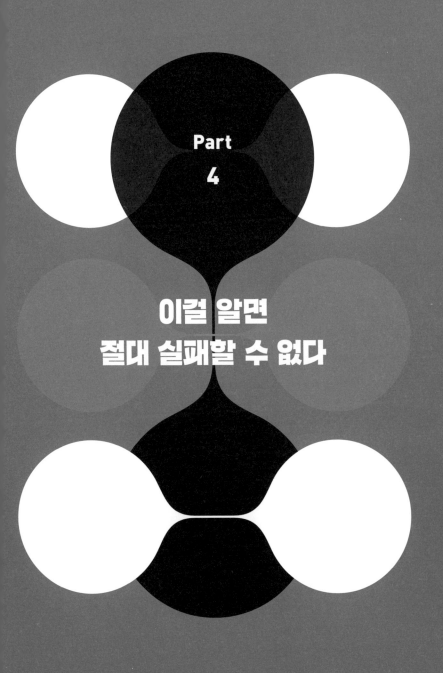

Part
4

이걸 알면
절대 실패할 수 없다

장사가 잘되도
가난한 이유

　데이터상으로 매출은 높고 분명 택배도 많이 나가는데, 통장에 돈이 없어 쩔쩔매는 대표들이 있다. 초기 창업비용이 부족해서? 마진을 적게 봐서? 돈 관리를 못 해서? 다 틀린 말은 아니지만 나는 그중에서도 고정 비용에 대해 얘기하고 싶다.

　나 또한 장사 6년 차에 그런 생각이 들었다. 6년이나 사업을 했는데 왜 통장에는 막상 매출에 비례한 금액이 없을까? 마진율로 따져보면 총매출의 30% 정도는 통장에 있어야 맞는데, 막상 보면 10%조차 남아 있지 않은 경우가 많았다. 지금 이유를 생각해보면, 고정비용에 추가하지 않은 품목이 있었다.

고정비용이라 하면, 보통 직원들의 월급, 일용직의 급여, 월세, 전기세, 문자 서비스 이용료처럼 매달 정해진 금액이 지출되는 것을 말하는데, 그 안에는 고정되어 있지 않은 '추가 지출 비용'이라는 것이 존재한다. 이를 판매 관리비, 줄여서 판관비라고 부른다. 택배 봉투 비용, 사은품 비용, 회식비, 직원들의 식대, 기름값, 각종 경비, 판매처 수수료 등이 여기에 속한다.

사실 택배 봉투라 하면 이번 달에 택배가 1,000개 이상 출고되었다고 해서 다음 달에도 1,000개가 동일하게 출고되는 게 아니기 때문에 택배 봉투는 유동적으로 구매를 하게 된다. 이번 달에 2,000개를 구매했다가 다음 달까지 사용할 수도 있고, 이번 달 장사가 갑작스레 잘되어 한 번에 3,000개를 구매해 다 쓸 수도 있으니 말이다.

사은품 또한 양말이 될 수도 있고, 머리핀이 될 수도 있고, 스티커가 될 수도 있기 때문에 부족하면 또 대량으로 구매를 하게 된다. 회식비와 식대를 지원해주고 있다면 당연히 추가로 지출되는 금액이 많아진다. 차량 이동에 필요한 기름값도 변동성이 있는 금액이고, 판매처 수수료는 판매한 금액 대비 차감되는 시스템이기 때문에 매출 흐름에 따라 매달 지출되는 금액이 다를 수 있다.

그래서 한 달에 총 얼마의 마진이 남는지는 직접 최근 3개월의 매출과 지출을 그래프로 만들거나 가계부를 작성하거나, 엑셀로 만들어서 본다면 고정지출 외 불필요한 추가 지출을 절약할 수 있다.

또한 현재 매출 규모가 크지 않은데 직원 또는 일용직을 두고있을 수도 있으니 업무량을 확인하여 인원을 절감하는 방법도선택할 수 있게 된다.

또한 판매처 수수료 때문에 마진율이 현저히 떨어졌다고 파악된다면, 자사몰로 소비자를 더 끌어올 수 있는 방안을 물색하여 마케팅을 진행하는 방법도 좋다.

끝내, 당신은 뭐든 해낼 겁니다

무작정
광고하지 말자

광고를 집행하기 전 무조건 체크할 10가지 항목이다.

1. 유저들은 판매자의 취향이 담긴 광고는 스킵한다

유저들은 광고에 본인은 대입해 내게도 어울릴지, 이 제품을 살 가치가 있을지, 내게 필요한 이유는 무엇인지 알고 싶어 한다. 하지만 광고를 하는 쇼핑몰들은 자기 제품을 자랑하기에 바쁘다.

스판이 좋은 보정용 팬츠를 광고한다고 가정해보자. 몸매 좋은 모델을 데려다 촬영을 해놓고는 이 팬츠는 스판이 좋아 힙 볼륨을 살려주는 기능이 있다든가, 밑단까지 쫙 잡아주기 때문에 다리가 길어 보인다든가, 허리 군살을 잘 잡아준다든가 하는 식으로 광고하는 경우가 많다. 그러나 유저들은 바보가 아니다. 촬영된 영상이나 사진이 포토샵일 수도 있고, 몸매 좋은 모델에게나 저런 핏이지 자신에게는 입어도 아무 소용없을 거라고 생각할 가능성이 높다.

나라면 다양한 체형의 모델을 기용하고 최대한 많은 유저들의 체형 고민을 해결해주는 광고를 낼 것이다. 광고 문구는 '스판이 좋아 힙 볼륨을 잡아주고 허리 군살이 잡히는 바지'가 아니라 '스판 덱스 20% 함유로 레깅스 같은 편안함! 어떤 체형도 S 사이즈로 만들어주는 바지'라고 할 것이다.

2. 광고의 타깃층을 신중하게 정한다

여성의류를 판매하는 데 남성에게도 광고를 게시할 필요는 없다. 반대로 남성의류를 파는 데 여성에게 광고를 노출할 필요도 없다. 간혹 다른 성별의 구매자가 있을 수 있지만 극소수에 불과하다.

광고의 타깃 연령층도 마찬가지다. 예를 들어 임부복 쇼핑몰을 운영하는데 10대나 20대 초반에게 광고를 낸다면? 당연히 광고 대비 효과가 거의 없을 것이다. 임부복 쇼핑몰을 이용하는 사람들은 주변에 또래 산모가 있는 사람이거나 본인이 산모일 가능성이 크고, 통계상 산모의 연령층은 20대 중후반에서 30대 후반 사이가 가장 많다.

그렇다면 커플룩 쇼핑몰은 어떨까? 커플룩이라고 해서 모든 연령층의 남성과 여성에게 광고를 돌릴 필요는 없다. 커플룩 구매자는 여자가 더 많기 때문이다.

3. 어그로성 이미지나 과한 텍스트는 사용하지 않는다

허위광고 수준이 아니라 해도 과장이 들어간 광고는 좋지 않다. 광고 문구를 'A컵을 F컵으로 만들어주는 속옷!' 또는 '허리 둘레 30인치를 24인치로 만들어주는 보정 바지!'라고 한다면 순간적으로 후킹당할 수는 있지만, 사람 체형에 따라 다른 결과가 나올 수밖에 없기 때문에, 오히려 좋지 않은 리뷰가 쌓일 수도 있다. 그로 인해 판매하는 모든 제품이 저평가당할 위험까지 있다.

텍스트를 과도하게 삽입하면 광고 티가 심하게 나서 아예 눌러보지 않는 경우도 있고, 아예 광고 소재로 검토가 불가한 채널도 많다.

4. 대행사는 소액 광고주에게 관심 없다

광고대행사는 많은 광고주를 관리한다. 그 안에는 한 달에 광고비를 10만 원 쓰는 업체도 있고 100만 원, 1,000만 원 또는 그 이상 사용하는 업체들도 있을 것이다. 초반에 광고를 진행하면 바로 많은 금액을 투자하기 힘들기 때문에 소액으로 광고를 많이 집행하기 마련이다. 광고대행사는 수수료를 받고 운영하기 때문에 광고비가 적으면 수수료도 적어지므로 소액으로 진행하는 업체의 광고는 크게 신경 써주지 않는다. 소액으로 집행을 할 예정이라면 차라리 직접 하는 편이 더 이득이다.

5. 광고 용어는 미리 알아두자

직접 광고를 하거나, 광고대행사에 맡기더라도 광고에 관련된 용어는 미리 공부하는 것이 좋다. 활발한 커뮤니케이션을 위해서도 좋지만 직접 광고를 진행했을 때 내가 한 광고의 효율을 알아보려면 무조건 알고 있어야 한다. 그중에서도 필수적인 용어는 다음과 같다.

- **CPC** Cost Per Click: 클릭당 단가
- **CPA** Cost Per Action: 광고주가 설정한 값에 따라 소비자가 액션을 취할 때

끝내, 당신은 뭐든 해낼 겁니다

측정되는 방식(예를 들어 상담예약 등)

- **CPV** Cost Per View: 유튜브 광고처럼 영상을 시청할 때 측정되는 방식

- **CTR** Click Through Rate: 노출 횟수 대비 클릭율(계산법: 클릭율 / 노출수 × 100)

- **ROAS** Return On Ad Spend: 광고 수익율계산법: 매출 / 비용 × 100

- **DB** DataBase: 고객 데이터 수집

- **DA** Display Ad: 디스플레이 광고

- **SA** Search Ad: 검색광고

- **SEO** Search Engine Optimization: 검색엔진최적화

6. 광고할 플랫폼은 우선 1개부터 시작하자

광고가 가능한 플랫폼은 다양하다. 매월 다른 플랫폼에서 최적의 광고비로 집행해보고, 자신에게 맞는 플랫폼에서 공격적으로 마케팅을 하는 것이 좋다. 나 같은 경우 모든 판매처에서 광고를 집행해본 결과 광고 효과 대비 매출이 큰 플랫폼은 단 2곳이었다. 지금은 2개의 플랫폼에만 집중적으로 광고를 집행하고 있다.

7. 광고 노출이 잘되는 시간대와 요일을 파악하자

모든 사람들이 활동하는 시간대를 찾자는 것이 아니다. 내 고객들이 활동하는 시간대와 요일을 찾아 광고를 집행하면 된다.

고객 중 10대가 많거나 또는 10대를 타깃팅한 제품을 판매하고 있다면, 그들이 활동하는 시간대인 등교 시간, 하교 시간, 자기 전 밤 시간에 광고를 돌려야 한다. 등하교 시간에는 거의 도보나 대중교통을 이용하기 때문에 휴대폰으로 서치할 일이 많다. 새벽 시간에는 다음 날 다시 학교에 가야 하기도 하고, 부모님과 함께 살기도 하기 때문에 활동을 많이 거의 하지 않는다. 또한 주말에는 구매해도 바로 배송이 오지 않으니 평일에 몰아서 구매하는 경우가 많다.

만약 나의 고객이 20대·30대 위주라면, 퇴근 시간, 새벽 시간, 금요일 밤, 주말, 월급날이 밀집된 날짜를 노리는 것이 좋다. 이들은 자가용을 이용하는 경우도 많고 대중교통을 이용하더라도 자기계발에 할애하는 시간이 많거나 OTT를 시청하기 때문에 오히려 마음이 가벼운 퇴근 시간대에 광고를 집행하는 것이 좋다. 또한 직장인들은 새벽에 충동적으로 쇼핑을 많이 하고 특히나 가장 여유로운 금요일 밤, 주말에 구매를 많이 한다.

8. 하루 예산을 책정하자

광고를 처음 집행한다면 광고비를 어느 정도 들여야 할지 감이 전혀 잡히지 않을 것이다. 대행사에 물어봐도 업체마다 다르다며 평균치를 알려주지 않는다. 앞서 말한 것처럼 광고주들이 너무 많기 때문이기도 하지만, 대행사는 나의 쇼핑몰 스타일과 규모에 얼마만큼의 광고비가 효과가 있을지 잘 모르기 때문에 최대한 많은 광고비를 추천하고 그만큼을 다 사용해 많은 성과를 내려고 할 것이다.

광고비에는 정해진 규모라는 게 따로 없다. 본인이 원하는 만큼 광고를 집행하면 되고, 많이 사용하면 당연히 성과도 클 수밖에 없다. 하지만 테스트도 해보지 않고 바로 광고비를 투자하는 것은 도박이다. 최소 하루 3~10만 원 사이로 집행해보며 점점 늘려나가는 방식이 좋다. 현재 9년 차인 나는 지금도 광고비는 하루에 20만 원을 넘게 사용하지 않는다.

9. 리타깃팅re-targeting이 가능한지 확인한다

인스타그램 광고의 경우 리타깃팅 광고에 가장 적합하다. 하지만 인스타그램 계정의 팔로워가 많지 않고 '좋아요'나 게시글의 개수도 별로 없는데 리타깃팅 광고를 한다면, 이미 나를 팔로우하고 있는 사람들 위주로 광고가 돌아갈 것이기 때문에 크게 의미가 없다.

이런 광고는 인스타그램 활동은 활발한 데 비해 매출이 안 나오거나 팔로워 활동량이 구매 전환으로 이어지지 않는 업체들이 사용하기 좋다. 내 페이지나 사이트에 다녀간 사람들 위주로 광고가 되기 때문에 눈팅을 하거나 방문을 하거나 좋아요만 누르고 가도 유저의 SNS 페이지에 나의 계정 또는 쇼핑몰 광고가 게시된다.

10. 사이트의 메인 이미지를 정확하게 정해놓는다

쇼핑몰이 추구하는 특색을 어떻게 보여줄지 정해야 한다. 페미닌한 의류를 파는 쇼핑몰이 갑자기 블랙 배경에 볼드 고딕체로 광고를 한다면 이질감이 느껴질 것이다. 그럼 해당 광고가 무엇을 보여주는지, 인식하는 속도가 느려진다. 늘 다른 광고 소재를 게시하더라도 유저들이 보기에 같은 쇼핑몰인 걸 인지하게끔 만들어주는 이미지나 삽화, 영상, 컬러를 정해두고 광고를 하는 것이 좋다.

끝내, 당신은 뭐든 해낼 겁니다

세금 폭탄을
조심하라

　온라인 쇼핑몰을 하든 오프라인 가게를 하든, 어떠한 사업을 운영할 때 가장 중요한 건 세금이다. 의외로 과오납이나 미납, 부분 미납이 발생하는 경우가 많다. 특히 처음에는 부가세 신고 시에 정확하게 매출과 매입을 신고하는 것만으로도 쉽지 않다. 심지어 애초에 신고를 하는 방법조차 모르는 사업자도 있다. 이건 사실 전부 내 얘기다. 이젠 이런 실수를 하지 않지만, 내가 그랬듯 다른 사업자들도 초반에 충분히 겪을 수 있는 일이다.

　온라인 쇼핑몰을 운영하다 보면 매출이 자사몰뿐만 아니라 여러 플랫폼에서 발생한다. 또는 제품을 직접 사무실에서 픽업하고 현금으로 지불하는 고객님도 계시고, 나도 몰랐던 정산금이 입금이 되는 경우도 허다하다. 자사몰만 운영한다면 자사몰 매출을 토대로 카드 결제, 휴대폰 결제, 무통장입금, 에스크로 결제, 실시간 계좌이체 등 결제수단별로 나누어 신고만 하면 그만이다. 그러나 판매하고 있는 플랫폼이 다양하면 정산금을 모두 합산해야 하는 번거로움이 있다.

또한 자사몰 매출에서도 앞서 말한 것처럼 결제수단별로 매출을 신고해야 하기 때문에, 자사몰 호스팅 센터에 출력되는 금액 그대로 신고한다면 과오납 또는 신고금액이 상이할 수 있다. 왜냐하면 간혹 가다 배송 전후 주문 취소 건이나, 반품 환불, 교환, 교환 시 발생하는 차액을 얼마 되지 않는 금액이라 잊어버릴 수도 있고, 카드로 결제한 고객이 특정 사유로 인해 현금으로 환불을 요청할 수도 있다. 이런 건들을 귀찮다는 이유로 서버에 기록해두지 않다 보면 매출 변동이 있기 마련이다.

실제로 내 통장에 들어온 고객의 입금액이 얼마인지를 체크하고 카드 결제 비용 또한 계약한 카드사의 어드민 페이지에서 매출/매입을 확인하여 다운로드하는 게 좋다. 플랫폼 정산의 경우 해당 플랫폼에서 결제 방식대로 나누어 정산서를 매달 메일 또는 플랫폼 어드민에서 확인을 할 수 있게 되어 있다. 엑셀자료로 다운로드하여 신고하면 편리하다.

그렇다면 부가세를 적게 내는 방법은 없을까? 사실 그런 방법은 없다. 판매된 금액의 10%는 무조건 부가세를 납부하게 되어 있다. 우리가 어떠한 재화나 서비스를 구매할 때에도 그 안에는 10%의 부가세가 포함되어 있다. 반대로 우리가 판매할 때에도 포함되어 있는 금액이기 때문에 실제로 부가세는 사업자가 아닌 구매자가 납부를 하는 것이다.

그렇다면 우리는 판매를 위해서 물건을 사입하고 제작을 하고, 택배 봉투를 구입하거나 다양한 비품들을 구매했기 때문에 그 금액에 대해서는 공제를 받을 수 있다. 이걸 '매입'이라고 부른다. 총매출에서 매입가와 필요 경비를 제외한 매출의 10%가 부가세가 되는 것이다.

매입을 잡기 위해서는 제품을 사입하거나 사업에 필요한 물품을 구매하거나, 제품을 제작했을 때에 세금계산서나 현금영수증을 수취하면 된다. 또한 사입 삼촌을 이용하는 경우 꼭 사업자등록증이 있는 사입 삼촌을 이용하여, 사입 대행비에 대한 세금계산서를 필수로 수취해야 한다. 부가세의 경우 간이사업자간이과세자는 1년에 1회, 일반사업자일반과세자는 1년에 2회, 법인사업자일반과세자는 1년에 4회 납부를 한다.

1. 간이사업자

전년도 1~12월 매출을 이번 연도 1월 25일까지 신고 및 납부

2. 일반사업자

1~6월 매출을 이번 연도 7월 25일까지 신고 및 납부

7~12월 매출을 다음 연도 1월 25일까지 신고 및 납부

3. 법인사업자

1~3월 매출을 4월 25일까지 신고 및 납부

4~6월 매출을 7월 25일까지 신고 및 납부

7~9월 매출을 10월 25일까지 신고 및 납부

10~12월 매출을 다음 연도 1월 25일까지 신고 및 납부

부가세 신고방법은 크게 2가지다. 하나는 세무사와 계약하여 편리하게 기장료를 내고 신고하는 방법이고, 다른 하나는 직접 국세청 홈택스에서 신고하는 방법이다.

다음으로 내야 할 세금은 종합소득세다. 법인의 경우 종합소득세 대신에 법인세를 납부한다. 일반사업자는 보통 종합소득세를 납부하게 되어 있으며 매년 5월 신고 및 납부가 진행된다. 이는 1년간의 모든 소득에 대해 납부하는 세금이며, 여기에는 배당, 이자, 연금 등의 모든 소득이 포함된다.

종합소득세는 사업자뿐만 아니라 아르바이트를 하는 사람,

프리랜서, 월급 외 추가 소득이 있는 직장인이 모두 신고하게 된다. 결론적으로 돈을 버는 사람은 모두 신고를 해야 한다. 국세청 홈택스나 세무서를 통해 진행할 수 있고 신고를 하지 않을 경우 무신고 가산세나 납부불성실 가산세를 내게 된다. 기존 직장인인 상태에서 사업자를 내어 부업 또는 사업을 하고 있는 사람이 있다면 근로소득 외 사업소득을 신고해야 한다.

자체 브랜딩의
중요성

　요즘에는 플랫폼 판매를 하지 않으면 실매출을 만들기 어렵
다. 하지만 자사몰 없이 플랫폼이나 입점형 쇼핑몰 매출로만 사
업을 꾸리는 것은 절대 안 된다. 플랫폼 입장에서 보자면 플랫
폼의 매출을 올려야 본인들 사업도 잘 되기 때문에 입점 허들을
낮추는 게 이득이다. 그렇게 되면 플랫폼 안에 셀러가 몇백 명,
몇천 명은 있게 되고, 제품도 몇만 개, 몇십만 개까지 있을 수밖
에 없다.

　새로운 셀러가 등장하면 라이징으로 띄워줄 테고, 이미 플랫
폼 매출의 몇 퍼센트를 담당하고 있는 메이저 업체가 있다면 자
체 프로모션은 전부 메이저 업체로 쏠릴 것이다. 당연히 구매

고객 또한 다양하지만 쇼핑몰 이름을 보고 사는 게 아니라 제품 경쟁 또는 가격으로만 비교해 구매하게 된다. 당장은 많이 팔릴 수는 있어도 길게 보면 추후에는 어떤 제품을 올려도 판매가 전혀 되지 않을 수 있다는 말이다.

나는 쇼핑몰 강의를 진행할 때, 무조건 자사몰 창업에 대해서만 가르친다. 절대 입점몰이나 스마트 스토어를 통한 판매를 추천하지 않는다. 만약 하고 싶은 일이 단지 부업으로 월 몇십, 몇백 벌기라면 알아서 하면 된다. 나는 진득하고 간절하게 사업가를 꿈꾸는 사람들만 교육한다.

내가 이 일을 시작한 건 돈을 월 몇백이라도 더 벌기 위해서가 아니라, 정말 아주 많이 벌기 위해서다. 그렇기 때문에 짧게는 몇 년, 길게는 몇십 년은 사업을 할 예정이다. 그렇다면 플랫폼에만 의지하는 건 오히려 역효과다.

IMF 때도 은행은 절대 망하지 않는다면서 은행 주식을 사거나 예탁금을 넣어뒀지만, 실제로 많은 은행이 파산을 하고 말았다. 그런데 그보다도 훨씬 규모가 작은 플랫폼을 언제까지 믿을 수 있을까?

소비자가 구매 후 지인들한테 '이 제품 어디서 샀어?'라는 질문을 들었을 때, '에이블리에서!'라는 말이 더 마케팅에 좋을까? 아니면 '클로젯미에서!'라는 말이 더 마케팅에 좋을까?

2017년도엔 버켄스탁이, 2018년도엔 이케아가, 2019년도엔 나이키가 아마존을 떠났다. 이유는 모두 동일했다. D2C^Direct to Customer, 유통업체인 플랫폼을 거치지 않고 자사몰에서 고객에게 바로 판매되는 방식을 택한 것이다.

자사몰에서 판매가 되면 고객의 행동 데이터인 사이트 내 이동, 클릭, 교환, 반품, 환불, 장바구니 내 상품, 결제 금액, 리뷰 등을 분석하기 편리하고 효과적인 마케팅 인사이트를 도출할 수 있다. 또한 플랫폼 수수료가 없으니 마진을 절감할 수 있어 가격 경쟁의 효과도 볼 수 있다.

자사몰을 단순히 전 제품을 보여주는 채널로 여기지 않고, 실제로 판매가 일어나는 비즈니스용 사이트로 확장해야 한다. 예전과는 다르게 SNS가 발전된 지금 시대에는 소비자의 입소문이 두세 배로 빠르다. 더불어 플랫폼 구매는 수수료도 높기에 판매량이 많아져봤자 플랫폼만 돈 벌어다 주는 일이다.

심지어 플랫폼은 더 많은 유저 확보를 위해 전 제품 무료배송 또는 프로모션이나 할인 이벤트를 매달, 매주 진행하기 때문에 판매가 많이 될수록 마진율이 현저히 낮아지고, 정산금에 비해 일거리는 오히려 많아진다. 빠른 시일 내로 사람들을 자사몰로 끌어오는 것이 중요하다. 그러려면 자체적으로 브랜딩이 충분히 되어 있어야 한다.

플랫폼과는 다르게 배송이나 편리성 등의 인프라에서 경쟁력이 있는지, 거품이 빠진 가격으로 메리트를 줄 수 있는지, 고객의 구매 패턴 및 정보를 활용할 인사이트가 충분한지 고려하고, 쇼핑몰 오피셜 SNS를 이용한 유저 확보와 로고 플레이 그리고 자체 프로모션으로 승부한다. 자사몰에 쌓인 고객 데이터로 SNS를 이용한 타깃팅 형식의 마케팅을 집행하고, 소비자에게 가장 쉽게 각인되는 방법인 로고 플레이로 배송을 보낼 때 택배 봉투나 박스에 쇼핑몰 이름을 프린팅한다. 제품 안에 설명서나 사은품용 스티커를 쇼핑몰 명칭이 드러나게끔 제작하는 방법도 매우 효과적이다.

자체 프로모션이란 사이트에서 구매하면 혜택을 주는 방법인데, 몇만 원 이상 구매 시 사은품을 주거나, 더 빨리 배송해거나, 회원가입 시 적립금 등 플랫폼에서 구매하는 것보다 더 많은 혜택을 받을 수 있는 점들을 강조하면 좋다. 첫 구매는 플랫폼으로 했어도 그다음 구매는 내 자사몰로 들어와서 할 수 있게, 또는 내 쇼핑몰 이름을 기억하게 만들기에 좋은 방법이다.

내가 좋아하는 것을
팔지 마라

내가 좋아하는 것을 팔아야 자신감과 활력도 생기고, 일도 즐겁게 할 수 있는 건 사실이다. 그러나 소비자는 판매자의 취향을 궁금해하지 않는다. 판매량은 많지만 공급업체가 적은 블루오션 아이템을 찾는 것도 아니다. 쇼핑몰을 운영한다면 다수의 소비자가 필요로 하는 레드오션 제품을 판매하는 것이 더 낫다.

나는 한국 여성들이 50% 이상 소비하는 스타일의 의류에서 단 10%만 찾는 유니크한 스타일의 의류로 노선을 변경했는데, 그건 소비자가 원하는 패피^{패션피플}가 되기 위해 입문하기 좋은 적당히 유니크한 의류라고 생각해서였다. 하지만 두 스타일 모두 내가 좋아하는 쪽은 전혀 아니다.

끝내, 당신은 뭐든 해낼 겁니다

단지 거리에 아주 평범하게 입은 사람들이 많이 보였을 뿐이고, SNS를 살펴보니 적당히 유니크한 스타일을 조합해서 입은 멋진 사람들이 보였을 뿐이다. 소비자의 동향을 파악해 파는 것도 능력이다.

많은 사람들이 사업을 시작할 때, 자신이 가장 관심 있는 아이템이나 입고 싶었던 스타일, 입고 다니는 스타일의 의류나 패션잡화, 좋아하는 식품, 인테리어 소품 등으로 아이템을 정하고 판매하는 경우가 많다. 하지만 제품군의 스타일을 정할 때 이 2가지를 반드시 생각해야 한다.

'사람들이 정말 많이 찾는 것인가?'

'사람들이 많이 사용하는 것인가?'

물론 단순히 재미있으려고 시작한 사업이라면 원하는 방향대로 판매하는 게 맞을 것이다. 하지만 나는 어떤 제품을 어떤 스타일로 판매하는지는 중요하지 않다고 생각한다. 오직 '돈이 많이 되는 것'만 생각하며 판매한다. 냉정하게 생각하면, 돈을 많이 벌면 무슨 사업을 하든 재미는 찾을 수 있다.

그렇다면 내 사업의 스펙트럼으로 정해놓은 연령층의 사람들에게 많이 소비되는 것은 무엇이고, 어떻게 찾을 수 있을까? 나는 일단 밖에 나가보라고 권한다. 자신이 살고 있는 동네나 핫

플레이스를 찾아가서 지나다니는 사람들의 동향을 살펴보면 답이 간단하게 나온다.

의류를 판매하는 사람이라면 어떤 스타일, 어떤 디테일의 의류가 많이 보이는지, 의류 매장 앞 마네킹에는 어떤 의류가 디스플레이되어 있는지 살펴보자. 패션잡화나 액세서리도 마찬가지다. 지금 실버 아이템이 유행하는지, 로즈골드가 유행하는지, 의류는 화려한 반면 액세서리는 심플하지 않은지 살펴보면 좋다. 더불어 슈즈도 마찬가지인데, 사람들이 운동화를 많이 신는지 구두를 많이 신는지, 니삭스 형태의 롱부츠를 많이 신는지 보면 현재 유행의 흐름이 한눈에 보인다.

SNS나 연예인, 모델, 패션쇼 등 유명인이나 다양한 매체를 봐도 된다. 동일한 컬러감을 사용하고 동일한 핏의 제품을 착용하는 것이 눈에 들어올 것이다. 그게 바로 수요가 많은, 또는 앞으로 많아질 아이템이라고 판단하면 된다.

나는 유니크한 스타일로 쇼핑몰 노선을 변경한 후에도 매출이 상승했지만 데일리한 스타일도 다시 판매하기 위해 쇼핑몰을 추가로 운영하기 시작했다. 그리고 운영 9년 차인 내 쇼핑몰과 운영 1년 차인 부수입용 쇼핑몰의 매출이 비슷하다는 걸 체감했다. 역시 사람들이 많이 찾는 건 많이 팔릴 수밖에 없다.

SNS 활용은
선택이 아닌 필수

자기 사업체를 운영하면서 SNS도 하지 않고 입소문과 광고로만 홍보를 한다는 건 요즘 시대에 몹시 어리석은 일이다. 다만 SNS를 시작하기 전, 내가 판매하는 제품을 구매하는 소비자들이 가장 애용하는 플랫폼이 어디인지 파악하는 게 우선이다. 무작정 '요즘 인스타그램을 많이 한다던데, 페이스북 많이 한다던데' 하면서 계정을 개설한다면 단순히 시간 낭비로 끝날 수도 있다.

참고로 유튜브를 제외한 2020년 기준으로 월간 활성 이용자 MAU는 네이버 밴드가 1,657만 명, 인스타그램이 1,165만 명, 카카오스토리 976만 명, 페이스북 963만 명, 네이버 카페 509만 명, 틱톡 304만 명이다. 연령별 순위는 아래와 같다.

연령별	순위		
10대	1. 페이스북	2. 인스타그램	3. 트위터
20대	1. 인스타그램	2. 페이스북	3. 네이버 밴드
30대	1. 인스타그램	2. 네이버 밴드	3. 페이스북
40대	1. 네이버 밴드	2. 카카오스토리	3. 인스타그램
50대	1. 네이버 밴드	2. 카카오스토리	3. 페이스북

이 중 인스타그램에 대해서 설명해보겠다. 나는 어떤 사업을 시작하기에 앞서 SNS 계정부터 만든다. 벌써 5개의 계정을 가지고 있고 더 만들 수 없는 게 아쉬울 지경이다. 많은 기능이 있고, 가장 운영하기 쉽고 노출도 잘 되는 매체가 인스타그램이다. 대표자 개인 몸값의 상승도 목표에 내재되어 있다. 그러나 사업체를 무료로 홍보하는 효과적인 방법임에도 어렵고 번거롭다는 핑계로, 제대로 활용하지도 못하고 거금을 들여 광고부터 하는 사람들이 많다.

실제로 한 매체에서 조사한 결과, SNS를 사용하는 한국 인구는 2021년도 1월을 기준으로 89.3%로, 세계 평균[53.6%]보다 약

1.7배 높다는 통계가 있다. (메트로 신문 기사 발췌: 국내 이용자 60% 이상이 인스타그램을 브랜드와 소통하는 플랫폼으로 인식하고 있으며 브랜드의 콘텐츠를 긍정적으로 받아들이는 것으로 나타났다.)

요즘에는 일반인도 재밌는 일상이나 분위기 있는 장소, 알아 두면 좋을 정보들을 올리기만 하는데도 몸값이 올라서 광고를 받으면서 부수입을 챙기기도 한다. 그러니 사업체에는 얼마나 좋은 마케팅 방법일까?

내가 판매하는 제품들을 다양하게 활용할 방안만 올려둬도, 사람들은 좋은 정보를 제공하는 쇼핑몰로 인식하고는 더 보고 싶은 마음에 팔로우를 한다. 멋스러운 피팅 사진을 보고 피드의 분위기나 제품이 마음이 들어서 팔로우하기도 한다. 또한 재미 있는 영상이나 워딩으로 한 번이라도 다시 찾아오거나 타인에 게 공유하게 만들 수도 있다.

이제 인스타그램 마케팅은 고객의 기억 속에 남는 것보다 얼 마나 많은 고객에게 보여지느냐, 얼마나 많은 공유가 일어나느 냐가 중요하다. 그래야 소비자의 스위트스폿소비자들의 구매 의사를 불러일 으키는 시점을 찾을 수 있다.

그렇다고 해서 처음부터 브랜드 계정이 올리는 감성적인, 또 는 제품보다는 브랜드 이미지를 중시한 SNS 게시글 같은 걸 카 피해서는 안 된다. 브랜드 제품은 이미 고객에게 기대감과 흥미를 유발하기 때문에 우리가 따라 한다 해도 동일한 효과를 보기엔 어렵다.

현재 인스타그램에는 '릴스'라는 서비스가 생겨 1분 미만의 영상을 자유롭게 편집하거나 팝송 또는 가요를 BGM으로 사용하거나, 스티커를 붙이거나, 필터를 씌울 수도 있다. 영상매체가 발달하면서 인스타그램에도 릴스가 생긴 것인데, 사실상 무료 마케팅으로 가장 많은 도움이 된다. 팝송이나 가요를 사용하기만 해도 그 노래를 사용한 많은 사람들의 피드를 모아볼 수 있기 때문에 간단한 춤이나 트랜지션^{간단한 장면 전환 편집}을 유행시킬 수도, 따라할 수도 있다.

또한 '둘러보기 피드'라는 서비스로 전 세계의 사람들의 피드도 볼 수도 있으니 게시글 양이 많으면 노출량 또한 극대화될 수 있다고 본다. 인스타그램과 페이스북은 연동이 되기 때문에 한 곳에만 게시글을 올려도 연동시켜 양쪽에 노출시킬 수 있다. 이 얼마나 편리한 마케팅 방법인가.

추가로 인스타그램과 페이스북에는 '숍스'라는 카테고리가 있는데, 이것은 판매자들이 본인의 제품 사진을 올릴 때 인물을 태그하는 것처럼 사이트나 판매처 링크를 연동시킬 수 있는 기능이다. 또는 라이브 커머스나 인스타그램 라이브를 이용하여 소비자와 소통하고 판매하는 제품을 정확히 보여주는 방법도 추천한다.

나는 쇼핑몰 오픈과 동시에 인스타그램과 페이스북을 개설했고 지금까지 하루에 게시글을 늘 3개씩, 릴스는 주 3회 이상 꾸준히 올리고 있다. 그러면 내 페이지에 단 한 번이라도 방문한 사람들을 위주로 비용을 지출하는 마케팅을 할 수도 있다. SNS는 오피셜 계정으로든, 대표자 개인 계정으로든 무조건 개설하고 하루도 빠짐없이 게시글을 업로드를 하는 것이 관건이다.

Part
5

사업을
시작했다면

당신은 아직
돈을 벌지 못했다

사이트를 만들고 제품을 판매하기 시작하여 매출이 발생하고 있는가? 그럼 판매되는 제품에 마진을 제대로 입혔는지, 하나의 제품을 팔면 몇 퍼센트의 순이익이 발생하는지, 그 한 제품을 한 달에 몇 개 판매해야 흑자로 전환할 수 있는지 파악하고 있는가? 만약 그렇지 못하다면 당신은 아직 돈을 벌지 못한 것이다.

나는 2021년에 tvN 'D STUDIO'라는 유튜브 채널에서 방영한 〈탑 셀러〉라는 프로그램에 출연한 적이 있다. 〈탑 셀러〉는 쇼핑몰과 브랜드 총 8팀을 모아 에이블리에 한 개의 착장을 업로드한 후 선정된 100명의 구매자들에게 판매가 가장 많이 이루어진 업체를 가리는 경쟁 프로그램이었다.

단지 판매율만으로 순위가 정해지는 것이 아니라 총판매액으로 순위가 변동되는 시스템이었는데, 실제로 내 쇼핑몰에서 판매가 되는 것이 아니다 보니 마진율은 전혀 생각하지 않고 맨투맨과 데님 쇼츠 코디를 5만 원대 금액으로 업로드했었다. 덕분에 판매량은 28장으로 우수했지만 다른 참가팀에 비해 총매출이 현저히 적게 집계되는 바람에 첫 라운드에서 탈락하고 말았다.

만일 의류의 원가를 고려하지 않고, 내 노동비용과 고정 지출도 전혀 생각하지 않고 업로드를 해서 실제로 내 사이트에서 위와 같은 금액으로 판매가 되었다면, 다른 업체들과 업무량은 비슷한데도 '나에게 떨어지는 마진은 매우 적었을 것'이다.

도매로 가져온 제품을 판매할 때는 도매가에서 40~150%로 다양하게 마진을 책정하게 된다. 이때 다른 사이트에서 같은 제품을 2배의 금액인 100%의 마진을 붙여 판매한다고 해서 본인의 사이트도 그렇게 책정할 필요는 없다.

그럼 타 사이트와 가격경쟁을 하게 되는 것 아니냐는 질문을 자주 받곤 하는데, 냉정하게 말하면 이제 막 오픈한 사이트나 오픈한 지 1년도 채 되지 않은 사이트나, 어차피 소비자 입장에서는 메이저 업체의 경쟁업체로 여겨지지 않을 것이다. 1만 원짜리 제품을 1만3천 원에 박리다매^{저마진}로 10장 판매하면 1만 원짜리 제품을 2만 원에 올리고 2장 판매한 업체보다 일은 더 많이 하고 매출은 비슷비슷한 상태가 된다. 그런 쇼핑몰로 자리 매김할 것이 아니라면 처음부터 마진율을 확실하게 잡고 가는 것이 좋다.

'내가 판매하는 제품에서 몇 %를 더 받을 것인가' '내가 판매하는 제품은 이 가격을 받아도 합당하다'라는 식으로 생각하지 말고, 먼저 회사의 내부 사정을 살펴보자. 현재 직원이 몇 명이고 월세는 얼마인지, 각종 공과금과 운영에 들어간 고정지출은 얼마인지 확실히 짚고 마진을 책정해야 한다.

예를 들어 모든 제품의 마진을 70%로 설정하여 원가 1만 원짜리 제품을 1만7천 원에 올려두었고 월 매출은 약 1천만 원이라고 가정해보자. 직원이 하나도 없고 대표 혼자 집에서 운영하며, 택배비는 지인 찬스로 저렴하게 2,000원에 계약되어 있어서 소비자에게 택배비 2,500원을 받아 500원씩 백마진까지 있다. 이런 업체라면 제품 원가 그리고 원가에 대한 부가세와 택배비, 택배 봉투 등과 같은 필요 경비를 제외하고는 모두 순매출이된다.

하지만 동일하게 70%의 마진이지만 직원을 3명 두고 있고, 월세 40만 원씩 드는 사무실에서 운영하고 있으며 택배비는

2,500원에 계약되어 있는 업체가 월 1,000만 원의 매출이 나온다면? 직원 한 명의 월급이 약 200만 원이라고 가정했을 때, 월급은 600만 원, 월세 40만 원, 필요 경비와 원가, 세금까지 제외한다면 직원보다 덜 버는 사장이 되거나 적자가 되어 앞으로 벌고 뒤로는 새는 상황이 된다.

온라인 업체 마진의 경우 평균적으로는 70~100% 사이로 책정을 하고 있는데 나에게 맞는 퍼센티지를 찾거나 제품별로 마진을 다르게 올려도 상관없다. 마진율을 계산하는 방법은 엑셀시트를 만들어서 한눈에 봐도 되고, 그게 번거롭다면 아래와 같이 1개의 제품으로도 충분히 계산해볼 수 있다.

- 원가: 10,000원
- 판매가: 20,000원
- 거래처 세금계산서 발급용 부가세: 1,000원
- 국세청 부가세: 1,000원
- 판매관리비(택배 봉투, 사은품, 월급, 월세 등을 생각하여 임시로 책정):
  약 1,000원
- 수수료(카드 결제 및 플랫폼 수수료): 2,000원

※ 판매가 − 원가 − 세금계산서 부가세 − 국세청 부가세 − 판관비 − 수수료

20,000 − 10,000 − 1,000 − 1,000 − 1,000 − 2,000 = 5,000원

결과적으로 2만 원짜리 제품을 판매하면 5,000원이 남는다. 최종 순 마진율은 25%이다. 쇼핑몰은 23% 이상부터 흑자로 전환할 수 있으며 23% 미만으로 떨어진다면 적자를 보고 있다고 판단하면 된다.

내가 판매하는 제품들을 1장당 몇 개씩 판매하면 흑자로 전환할 수 있는지 계산해본다면 한 달에 순수익 1,000만 원을 벌기 위해선, 마진이 5,000원 남는 2만 원짜리 제품을 2,000장 판매해야 한다는 계획이 나온다. 한 달 매출은 약 4,000만 원 정도 나와야 하겠다. 이런 식으로 판매 계획을 손쉽게 세워볼 수 있다.

끝내, 당신은 뭐든 해낼 겁니다

당신은 생각보다
바쁘지 않다

　쇼핑몰이 성장하기 위해서는 형식적인 매뉴얼을 만드는 것보다는 스피드가 우선이다. 일단 이것저것 시도한 다음 개선해나가는 방향에서 필요한 것이 스피드이기 때문이다. 내가 강의 및 컨설팅을 마치면 늘 들어오는 질문이 있다.

"업데이트할 시간이 없어요."
"택배만 포장했는데 벌써 4시예요."
"촬영해야 하는데 저번 촬영 포토샵도 못 했어요."

　그럴 때마다 난 늘 "대표님은 지금 생각보다 바쁘지 않아요"

라고 답변한다. 상황도 잘 모르고 하는 얘기 같지만, 스케줄을 들여다보면 낭비하는 시간이 더 많은 건 확실했다. 분명 이 글을 읽고 있는 분들 중에서도 뜨끔! 하는 분들이 계실 것이다.

쇼핑몰은 속도전이다. 누가 먼저 신상을 올리느냐, 누가 먼저 유행을 만드느냐는 모두 속도에 달려 있다. 1일에 신상품을 사입했다면 적어도 7일에는 업로드가 되어야 한다. 즉, 월요일에 사입한 제품은 다음 주 월요일엔 올라와야 한다는 얘기다.

왜냐하면 거래처는 물건을 그리 오래 진행하지 않기도 하고, 소비자들이 보기엔 가장 먼저 새로운 제품을 선보이는 쇼핑몰이 원조처럼 여겨져 구매량이 더 많아지기 때문이다. 거래처의 경우 물건을 한번 진행하게 되면 적게는 한 달에서 길게는 3개월 정도 진행을 하는데, 그 말은 늦게 올리는 만큼 판매할 수 있는 기간은 짧아진다는 소리다.

그러므로 나만의 타임 테이블을 만드는 것이 매우 중요하다. 집에서 혼자 일하는 소규모 사업자라도 마찬가지다. 늘 같은 시간에 일어나 같은 일을 하는 것부터 시작하면 된다. '오늘은 좀 피곤하니까 1시간만 더 자고 일을 시작해볼까?'라고 생각하며 살아왔다면 반성해야 한다. 당신이 잠든 1시간 사이에 많은 경쟁자들은 일을 하고 있을 것이다.

아쉽게도 쇼핑몰은 자율출근을 할 수 없다. 고객 문의와 택배 때문인데, 보통 글 문의를 받고 택배를 패킹한다. 글 문의에 취소 요청이 있을 수도 있고 주소 변경이나 옵션, 제품 변경 건이 있을 수도 있기 때문이다. 그 후 택배를 패킹하고 기사님이 가져가시는 시간까지 출고가 가능한 주문 건이 생기면 다시 또 수도 없이 택배를 포장해야 한다.

동대문에서 들어오는 제품의 경우 사입 대행을 이용한다면 보통 오전에 도착한다. 오전 9시에 출근한다는 가정하에 오전 9~10시는 글 문의를 받고 오전 10~11시는 물건을 언박싱하고 영수증과 대조하며 불량이 있는지 검수한다. 그 후 배송이 나갈 수 있는 선주문 건부터 송장을 출력하여 택배를 패킹하면 물량 100박스 이하는 1~2시간 안에 작업이 끝난다.

많이 들은 고민 중에는 늘 9시에 업무를 시작하는데 택배 포장이 1시가 넘어야 끝난다는 것이 있었다. 원인을 파악해보면 과도한 검수 또는 너무 정성스러운 포장 때문이다. 사은품 하나하나 쪽지를 작성하고, 사탕을 미니 폴리백에 여러 개 포장해서 넣어주고, 옷이 살짝 구겨졌다면 스팀 다림질을 다시 하고, 폴리백에 딱 맞게 들어가지 않으니 다시 접고, 택배 봉투를 일자로 예쁘게 붙이고, 송장도 정 가운데에 붙이고……. 나는 택배 1박스를 포장하는 데 10분이나 걸리는 모습도 직접 목격한 적이 있다. 그럼 10박스를 포장하는 데 100분이나 걸린다는 말인데 이런 식으로 100박스를 포장한다면?

말도 안 되는 소리 같지만 나는 실제로 그런 대표님을 무려 12명이나 봤다. 그렇게 되면 혼자서 할 수 없으니 불필요한 아르바이트비 지출을 해가면서 패킹을 하게 된다. 하지만 택배는 사실 가면서도 얼마든지 구겨질 수 있고, 정성스럽지만 저렴한 사은품과 쪽지는 잠깐의 감동만 될 뿐, 어차피 버려지게 마련이다. 고객은 택배 송장이 가운데에 붙어 있는지 비뚤게 붙어 있는지 전혀 신경 쓰지 않는다.

그럼 고객이 원하는 것은 뭘까? 바로 속도다. 자신이 구매한 제품을 최대한 빠르게 받는 것, 그게 고객이 진짜 원하는 것이다. 우리가 신경 써야 할 부분은 꼼꼼한 검수와 속도, 단 2가지뿐이란 걸 명심해야 한다.

이렇게 택배를 마쳤다면 다음엔 업데이트 또는 포토샵이나 촬영을 진행하면 되는데, 앞서 말했던 것처럼 7일 안에 업데이트를 하기에 가장 완벽한 타임 테이블은 이렇다. 실제로 나는 혼자 일할 때에도, 직원 있는 현재도 9년째 이렇게 움직이고 있다.

- **월요일**: 신상품 상세 사진 촬영 및 사이즈 측정 후 촬영 준비
- **화요일**: 오전 촬영 진행 후 오후 2시 전 복귀하여 1차 포토샵 작업

끝내, 당신은 뭐든 해낼 겁니다

- **수요일**: 2차 포토샵 작업 및 1차 업데이트 후 샘플 반납 및 다음 신상 준비
- **목요일**: 2차 업데이트 후 신상품 사입 및 샘플 요청
- **금요일**: 금주 마지막 업데이트 후 신상품 셀렉 및 코디 후 스튜디오 예약

혼자 일을 할 때에는 주말이 없으니, 주말까지 껴서 여유롭게 일했다. 여기서 포인트는 하루에 한 가지 일을 하는 게 아니라, 며칠로 쪼개어 한다는 점이다. 촬영도 하루에 몰아서 하고, 업데이트도 하루에 몰아서 하고, 포토샵도 하루에 몰아서 하면 편하긴 하다. 하지만 신상품이 사이트에 바로바로 올라오지 않으니 고객들은 매일 올라오는 신상 또는 코디를 놓치게 된다. 하루에 10개를 올리는 것보다 하루에 3개씩 나누어 올려두는 것이 좋다.

가끔은 그런 상황도 있다. 신상 마켓에 접속하거나 도매시장에 방문해서 신제품을 사입하려는데, 내가 생각했던 코디를 하려면 재킷과 셔츠, 스커트가 필요하다. 다행히 재킷과 셔츠는 성공적으로 사입했지만 스커트를 찾지 못한 경우, 아니면 찾았는데 미송에 잡혀버리는 경우, 거기에 더해 하필 그 미송이 촬영 날짜 이후에 들어오는 경우라면 재킷과 셔츠 촬영을 하지 않고 다음 촬영으로 넘기게 된다.

이런 경우 나라면 다른 대체 스커트를 찾아서 사입하거나 또

는 두 번째 안으로 팬츠에 코디를 하거나 따로따로 더 좋은 코디를 만들어서 촬영을 할 것이다. 진행 기간이 길지 않으니 더 많이 오래 팔기 위해서는 그런 방법이 최선이다.

끝내, 당신은 뭐든 해낼 겁니다

쇼핑몰은 단지
판매만 하는 게 아니다

쇼핑몰에는 제품이나 서비스를 올려두고 판매만 하면 된다. 물론 가장 어려운 게 판매다. 일단 올려뒀는데 판매가 일어나지 않거나, 어느 정도 판매량은 있는데 더 이상 매출이 올라가지 않을 수도 있고, 취소 건이 많을 수도 있다. 그리고 또 어떤 날은 매출이 높았다가 어떤 날은 낮았다가 하며 주식처럼 요동치기만 하고 전혀 성장할 기미가 보이지 않는 경우도 있다.

그렇다면 매출이 떨어지거나 상승하지 않는 이유에 대해서 빨리 파악해야 한다. 매출이 떨어지는 이유는 아래에 정리한 7개로 나눠볼 수 있다.

1. 다른 셀러에게 아이템을 뺏겨서

가장 자주 일어나는 경우인데, 드디어 제품 1개가 터지기 시작하다가 갑자기 매출이 부진해질 때가 있다. 이미 살 사람들은 다 사서? 아니다. 다른 셀러가 나와 같은 제품을 느지막이 가져다가 나보다 더 저렴하게 판매하고 있기 때문이다. 이런 경우에는 내 쇼핑몰에서도 미끼상품으로 저렴한 제품을 몇 개 늘 올려두거나, 효자 상품의 개수를 늘려두어야 한다.

2. 좋은 후기가 없어서

구매가 일어나더라도 소비자가 제품에 만족하지 못해 부정적인 후기를 남기고, 이런 리뷰가 30% 이상 차지하는 경우에는 매출이 감소한다. 이럴 때는 빠르게 품절 처리를 하는 게 좋다. 부정적인 평가를 받은 제품 하나 때문에 나머지 제품 또한 저평가될 수 있기 때문이다.

3. 내 쇼핑몰에 맞는 계절이 따로 있어서

겨울에는 매출이 높은데 여름에는 매출이 떨어질 수도 있고, 반대로 여름에는 매출이 높은데 겨울에는 매출이 감소할 수도 있다. 내 쇼핑몰은 몸매를 드러내는 짧은 기장의 의류를 많이 판매하기 때문에 여름 매출이 상대적으로 훨씬 높다. 판매하는 제품이나 스타일에 따라 매출이 높은 계절이 따로 있다면, 그 계절이 오기 전부터 공격적으로 마케팅을 하거나 제품 개수를 늘리는 방향으로 운영하면 된다.

4. 판매 스타일이 바뀌어서

내 판매 제품을 마음에 들어 하는 단골이 확보된 상태에서, 대표자나 MD의 스타일이 바뀌면서 판매하는 제품들의 스타일도 바뀌는 경우가 있다. 이렇게 되면 기존 고객들을 놓치고 새로운 고객들을 유치해야 하므로, 신중하게 생각해야 한다.

5. 이것저것 시도해보다 난잡해져서

다양한 촬영방식이나 스타일링을 시도하다 쇼핑몰의 분위기가 자칫하면 난잡해질 수 있다. 쇼핑몰의 페르소나를 잃어버리면 고객은 더 이상 방문하지 않는다.

6. 타이밍에 맞춰 광고를 하지 않아서

매출이 오르는 상태에 안주하여 광고를 하지 않거나 바쁘다는 이유로 신상품을 업데이트하는 시일이 늦어지는 경우도 있다. 물 들어올 때 노 저으란 말도 있듯이 쇼핑몰이 자리를 잡아갈 때부터 공격적으로 마케팅을 시도해야 한다.

7. 자금 회전이 되지 않아서

플랫폼에서 매출이 높다면 정산일을 기다리느라 구매량이 많은데 사업을 할 자금이 부족한 때도 있다. 비상금은 늘 매출의 1.5배로 가지고 있어야 하고, 정말 급하다면 대출을 받는 방법도 나쁘지 않다. 쇼핑몰을 1~2년만 하고 관둘 것이 아니라면 길게 봤을 때 대출로 인한 매출 상승 효과도 기대해볼 만하다. 나도 플랫폼에서 매출이 오르기 시작했는데 당장 사업비가 없어서 급하게 금융권 대출을 최대치로 받은 적이 있다.

반대로 매출을 높이는 방법은 의외로 쉽다. 바로 소비자의 입장에서 쇼핑몰을 한번 바라보는 것이다. 초반에 했던 타사의 벤치마킹을 다시 한번 해보도록 하자. 이제는 쇼핑몰의 앞면만 보지 않고 SNS까지 한번 싹 훑어보도록 한다. 이 쇼핑몰이 계속해서 성장하고 상위 랭킹을 유지하는 이유가 무엇인지를 파악하기 위해 꼼꼼히 살펴본다면 정답을 쉽게 찾을 수 있을 것이다.

분명 내 사이트에는 없는, 내 SNS는 없는 무언가가 있다. 잘되는 쇼핑몰은 우선 정보가 많이 있다. 같은 바지를 팔더라도 우리에게 모델 1명의 피팅 컷과 상세 사진만 있다면 상위 쇼핑몰에는 체형별로, 신장별로, 스판 감을 보여줄 수 있는 영상이나 사진, 제품을 활용한 다양한 코디, 일상에서 편안하게 착용

끝내, 당신은 뭐든 해낼 겁니다

한 모습이 보이는 사진 하나쯤은 꼭 있을 것이다. SNS에는 분명 다양한 영상과 함께 제품의 특장점을 보여주는 홍보 스토리나 게시글이 3개 이상 올라와 있을 것이다.

소비자는 정보가 적은 쇼핑몰보다 정보가 많은 쇼핑몰을 좋아한다. 쇼핑 실패를 줄여주기 때문이다. 기본 데님 팬츠를 구매하기 위해서 여러 쇼핑몰을 둘러보다가, 똑같아 보이는 바지라 할지라도 편안한 모습과 다양한 정보, 바지를 지속적으로 노출하는 게시글을 본다면 '저 바지는 정말 편안하구나'라는 생각이 자연스레 들 수밖에 없다.

직접 맡아볼 수 없는 향수나 착용해보기 어려운 속옷을 판매하는 온라인 쇼핑몰을 생각해보자. 향수의 경우 향수병을 들고 촬영한 감성적인 사진과 향에 대한 간단한 설명, 제품 컷만 사이트와 SNS에 올려둔 쇼핑몰이 있는 반면, 향수를 뿌리는 모습과 분사력, 시트러스하고 오렌지에 가까운 상큼한 향에 대한 자세한 설명, 감성적인 사진, 수납하기 좋은 크기를 보여주는 파우치에서 나오는 사진, '애인이 좋아하는' 또는 '방금 샤워하고 나온 것 같은' 등 여러 가지 묘사가 담긴 글을 올려둔 쇼핑몰도 있다. 소비자는 당연히 후자를 선택한다.

속옷의 경우, 워낙 다양한 바스트 사이즈와 모양이 존재하기 때문에 온라인에서 구매하기가 더욱 어렵기 마련이다. 그런데

반대로 이런 심리를 이용하는 쇼핑몰이 있다. 작은 바스트를 크게 보이도록 모아주는 브라렛을 판매하는데 모델의 바스트가 큰 편이라면? 얼마나 모아주는지, 얼마나 커 보이는지 전혀 알 수가 없다. 하지만 상위 쇼핑몰들은 작은 바스트를 위한 브라렛은 모두 그에 맞는 모델로 피팅을 하고, 착용 전/후 비교샷을 무조건 올린다. 추가로 얼마나 편안한지, 어떤 소재를 사용했으며 또 어떤 모양의 바스트를 가진 사람이 구매를 해야 하는지에 대해서까지 설명해둔다.

더욱이 의류는 쇼핑몰에 노출할 정보가 셀 수 없이 많다. 다양한 체형과 신장의 모델이 착용한 사진, 고객 리뷰를 이용한 상세 페이지 구성, 의류의 텐션 감을 확인할 움직이는 이미지나 영상, 모델이 입고 핏을 보여주는 전체적인 피팅 영상, 비침의 정도, 불편할 수 있는 넥라인 택의 위치나 소재, 팔이 긴 체형을 위한 소매장 비교 사진, 다리가 긴 체형을 위한 사이즈별 비교 사진, 의류에 사용된 소재에 대한 설명, 세탁 방법, 코디된 제품 말고도 어울릴 수 있는 룩 추천 문구, 탄탄한 소재의 제품이라면 착용 전/후 늘어남 비교 사진, 데님 제품의 물 빠짐 정도, 허리 밴딩의 늘어남 정도, 가방의 수납력, 신발의 편안함. 100cm 이상의 롱한 기장감을 찾는 고객들을 위한 롱팬츠 카테고리 등등, 전부 다 나열하자면 이 책 한 권을 다 채울 수도 있다.

내가 말한 것 중에 하나라도 안 해본 것이 있다면 시도해보도록 하자. 내 쇼핑몰에도 베스트 아이템은 다양한 정보를 기재한 제품에서 자주 나온다.

진성 고객
확보하는 법

　쇼핑몰은 워낙 접근성이 높은 사업이다 보니, 요즘에는 판매처가 더욱 늘어나면서 단골 고객을 확보하기가 쉽지 않아졌다. 당연한 얘기지만 한 번만 구매한 신규 고객보다 두 번 이상구매한 고객들을 잡는 게 성장에 도움이 된다. 입소문은 여전히 꽤 빨리 퍼지기 때문이다. 마케팅 회사에서는 단골의 기준을 100일간 3회 이상 구매한 고객 또는 사이트에 3번 이상 방문한 고객으로 잡는다. 이는 약 한 달에 1번씩은 구매를 한다는뜻이다.

　그러려면 우리는 무엇을 해야 할까? 재구매율은 당연히 판매가 된 이후에 정해진다. 소비자가 재구매를 하는 이유는 단 3가지다. 첫 번째로 이 사이트 운영자의 팬이나 팔로워이거나, 운영자의 스타일을 정말 좋아하는 경우가 있다. 운영자가 SNS에서 활발히 활동을 해서 평소에 좋아했거나, 그 센스를 닮고 싶었던 사람이라면 당연히 쇼핑몰을 팔로우하면서 지속적인 구매로 이어질 확률이 높다.

두 번째로는 쇼핑몰에 사용할 적립금이나 쿠폰, 또는 혜택이 있는 경우다. 구매금액에 대해 단 1%의 적립금만 주어도 조금 더 합리적인 쇼핑을 할 수 있다는 생각에 재구매를 하는 경우가 많다. 또한 리뷰를 작성했을 때 100~500원, 포토리뷰는 1,000원의 적립금이 주어진다면 리뷰를 쓸 확률도 높아진다. 또는 회원 등급제를 도입해서 특정 금액 이상 구매 시 무료배송이나 추가 할인 혜택을 준다면 한 번 더 구매할 확률이 높아진다.

마지막으로는 구매한 쇼핑몰에서 받은 서비스가 너무 마음에 들거나 옷이 마음에 든 경우다. 생각보다 소비자는 판매자에게 쉽게 감동을 받는다. 급하게 입어야 할 제품이라 빠른 배송을 요청했는데 그 요청을 들어주거나, 고객 문의를 친절하게 받았다거나, 상품의 포장이 정성스럽다거나, 제품이 정말 너무 마음에 들었다거나, 사은품이 활용도가 좋거나 후기를 쓰지 않고는 못 배길 정도로 귀엽다거나(나는 내가 키우는 고양이를 스티커로 만들어 보냈다), 구매 후 잘 받아봤는지 문자나 알림톡이 온다면 끌림을 느끼고 다음 구매로 이어지기도 한다.

단골은 고객 충성도로 이어진다. 단골을 만들기 위해서는 이미 들어온 고객의 이탈률을 줄이는 방법과 아직 단골이 없다면 경쟁사의 고객을 데려오는 방법도 있다. 내 사이트에는 특정한 스타일이 있기 때문에 불특정 다수를 향한 마케팅은 도움이 되지 않는다. 그래서 우선 나와 비슷한 제품을 판매하는 업체를 방문한 고객 위주로 마케팅을 시작한다. 이미 3번 이상 들어온 고객은 잠재고객으로 분류되기 때문에 마케팅 게시글을 몇 번 노출시키면 구매로 이어지는 경우도 많고, 또는 가격 면에서 고민을 하고 있는 경우에는 괜찮은 이벤트를 진행하면 바로 구매할 가능성이 크다.

가장 중요한 건 고객과의 소통이다. 제작 제품을 만들 때에도 고객의 의견을 묻거나 컬러를 골라 만들면 고객의 입장에서는 '내가 만든 옷'이라는 생각이 들어 구매할 가능성이 커진다. 반대로 좋지 않은 경험을 한 고객은 영원히 떠난다. 오배송이 잦았거나, 그에 대해 빠르게 대처하지 못했거나, 받은 제품이 불량이었거나, 소통이 전혀 되지 않아 궁금한 문의를 답변받지 못하는 경우, 그렇게 빠져나간 고객은 좋은 경험을 한 고객보다 빠르게 등을 돌리고 무섭게 소문을 퍼뜨린다.

마지막으로 중요한 것이 하나 더 있다. 사업을 시작할 때뿐만 사업이 한창 잘 진행될 때라도, 절대 무차별적 마케팅에 중점을 둬서는 안 된다. 어떻게든 단골을 만드는 데 힘쓰는 게 더 중요하다. 우리가 목표로 하는 고객이 많아질수록 쇼핑몰의 규모 및 재구매율은 동일하게 상승한다. 그들이 새로운 고객을 데려다 주기 때문이다.

주문량이 많아지면
필요해지는 것

    다양한 플랫폼에서 판매가 이뤄지고, 주문량이 슬슬 많아지기 시작하면 다들 '멘붕' 상태에 빠지는 순간이 한 번쯤은 찾아온다. 특히나 갑작스러운 주문 폭주로 인해서, 또는 판매 개수보다 재고가 부족하게 입고되었을 때에는 대체 어디서 구매한 어떤 고객에게 먼저 발송해야 할지 고민하는 데에도 시간이 많이 소요된다. 또한 유선이나 카카오톡, 채널톡 등으로 고객 문의가 들어왔을 때, 어떤 플랫폼에서 무엇을 구매한 고객인지 파악하는 것도 늘 일이다.

    판매처가 많아지면 투입되어야 하는 인력이 더 필요할 수밖에 없고, 그만큼 시간과 비용의 지출이 늘어난다. 그럴 때에는

끝내, 당신은 뭐든 해낼 겁니다

인건비보다 훨씬 저렴한 지출로 입점되어 있는 전체 플랫폼의 주문을 한눈에 볼 수 있고 송장까지 주문 순서대로 자동 출력할 수 있는 쇼핑몰 통합 관리 솔루션을 사용할 때가 온 것이다.

통합 관리 솔루션에서 필요한 기능들은 연동되는 플랫폼의 개수, 주문 건 대량 발주 처리, 자동 취소, 정확성, 빠른 처리 속도, 바코드 자동 생성, 재고 관리, 부족한 재고 확인 기능, 배송 처리 후 판매처로 송장 자동 전송, 재고가 있는 제품부터 송장이 자동 출력되는 기능 정도가 있겠다. 다양한 통합 관리 솔루션이 있지만 내가 직접 사용해보거나 주변 대표들이 사용하는 몇 가지 방버을 소개하겠다.

1. 셀 메이트

현재 내가 사용하는 업체인데, 사실 사이트의 디자인은 트렌디하지 않으나 필요한 기능을 모두 갖추고 있어서 편리하게 이용하고 있다. 매출 통계 기능의 정확도가 거의 99%나 된다. 가입비는 10만원에 월 20~60만 원까지 나누어져 있으며, 월평균 주문량 기준으로 가격이 책정된다. 가장 저렴한 20만 원 레벨도 주문량은 1,000~19,999개까지 수집이 가능해서 제법 저렴하다.

2. 이지 어드민

사용해본 서비스 중에서 가장 쉽고 깔끔하게 관리할 수 있던 업체다. 통합 관리 솔루션을 처음 사용하는 업체에게 추천한다. 앞서 말한 모든 기능들이 있고 가입비는 무료다. 월 사용료는 필요한 기능들에 따라 20~200만 원 이상으로 가격대가 나누어져 있으나, 기본 30~40만 원 정도로 생각하면 된다.

3. 사방 넷

쇼핑몰마다 로그인하여 상품정보를 매번 입력할 필요 없이 사방 넷에서 대량 상품 등록이 가능하다. 또한 상품 옵션의 품절처리 및 재고 수량 수정도 가능하며 400여 개 플랫폼의 주문을 한 번에 수집할 수 있다. 주문 개수와 상품 수량에 따라 가격은 상이하며 가입비는 무료부터 기본 30만 원~최대 100만 원까지, 월 사용료는 7~220만 원까지 세분화되어 있다.

4. 샵링커

약 250여 개의 플랫폼을 지원하며 가장 저렴한 월 이용료를 자랑하는 업체다. 가입비는 무료 패키지와 50~100만 원 사이이며, 월 이용료는 최소 12~최대 300만 원까지 상품 등록 건과 주문 수집량에 따라 다르게 책정된다. 다만 주문 수집과, 송장

전송, 고객 클레임, 택배 연동을 자동화로 사용하려면 각 월 5만 원의 비용이 들어간다.

5. 원셀

입점된 판매처의 주문 건을 수집하고 상품을 여러 판매처에 한 번에 등록하기 좋은 서비스다. 초보 쇼핑몰 사장이 사용하기에는 가장 저렴하고 깔끔한 디자인이 장점이다.

무리한 확장은
폐업의 지름길

"점점 주문 건이 많아지는데 어떻게 확장하면 좋을까요?"

자주 들었던 컨설팅 질문 중 하나다. 매출이 실제로 오르고 통장에 현금이 쌓이고, 사무실이나 집이 미어터질 때 즈음에 컨설팅을 받는 대표님들의 목적은 전부 쇼핑몰 확장이다. 그 확장의 단계가 마케팅일 수도 있고 직원 채용 또는 사무실 이전이나 신규 계약일 수도 있다. 통합 관리 솔루션을 사용할 때나 제작을 진행할 때, 재고를 슬슬 쌓아야 하는 시점일 때도 있다.

이 기로에서 은근히 많은 쇼핑몰들이 폐업을 하거나 폐업 직전까지 이르는 경우가 많다. 대형 쇼핑몰 중에도 더욱 큰 매출을 원해서 대출을 받아 다양한 방면으로 확장을 시도했다가 빚에 시달리는 업체가 한두 곳이 아니다.

사무실 계약 또는 이전을 생각한다면 현재 매일 출고되는 택배량을 감당할 공간이 부족하거나 직원이 생겼는데 책상을 놓을 자리가 없다거나 택배를 패킹할 공간 자체가 부족한 경우가 대부분이다. 그럼 지금 당장 고정지출을 늘려도 될 만큼의 매출인지 확인을 해보는 것이 우선이다.

앞으로의 매출 상승 가능성과 계절에도 영향이 있겠다. 가을 겨울 시즌에는 당연히 의류의 부피가 커지기 때문에 좁게 느껴지는 것일 수도 있고, 또는 당장 매출이 올랐지만 앞으로 다가올 계절에 그만큼의 매출을 또다시 올릴 수 있을 것인지, 어떻게 매출을 증진시킬 것인지부터 계획을 세워놔야 한다.

작은 공간에서 넓은 공간으로 이전할 때에는 생각보다 많은 비용이 든다. 보증금도 만만치 않고, 여기에 인테리어 비용, 이사 비용, 월세, 필요 집기 재구입 비용까지 합치면 지출량이 꽤 커질 수밖에 없다. 사실 더 좋은 공간에서 일한다 해도 더 많은 가치를 제공해주지 않는다면 잠깐은 열정적일 수 있어도 전보다 업무 효율이 좋아지지는 않는다.

경험해본 결과 8평에서 일할 때와 40평에서 일할 때의 차이점은 조금 더 쾌적할 뿐, 효율이나 매출은 동일했다. 다만 의류

업체라면 사무실 내에 촬영 공간을 만들어 피팅 촬영을 진행하면서 스튜디오 비용을 절감하는 것이 목적이라면 오히려 이득일 수도 있다. 하지만 내가 지금까지 지켜본 바로는 사무실에서만 촬영하는 업체는 드물다. 매번 다른 제품을 촬영하는데 배경이 계속 같다면 의류의 특징을 살릴 수도 없을뿐더러 새로운 분위기를 원하는 소비자의 심리도 있기 때문이다.

두 번째로 마케팅 비용을 지출하는 플랜인데, 잠재 고객이 많아지거나 SNS 팔로워가 많아진 경우라면 충분히 가치 있는 투자다. 하지만 자사몰이 아니라 입점된 플랫폼 내에서만 구매가 이어지고 있어서 입소문 또는 단골손님이 없는 업체라면 위험부담이 크다. 반대로 그렇기 때문에 자사몰로 마케팅을 시도하고자 지출금액을 늘리는 게 목적이라면 나는 차라리 그 금액으로 더 많은 마진을 창출하기 위해 제작을 진행하거나 빠른 배송으로 입소문을 타기 위해 충분한 양의 재고를 쌓는 쪽을 추천한다.

세 번째는 방금 말한 제작 제품의 목적인데, 사입으로는 만족하지 못하거나 경쟁력이 없다 생각하여 제작을 진행한다면, 기존에 있던 제품을 조금 보완하거나 컬러를 추가하거나 원단을 바꾸는 방향으로 제작하는 것을 추천한다. 기존에 없던 새로운 디자인을 보여주기에는 아직 이르다. 아직 쇼핑몰의 정체성을 찾지 못한 시점에 다양한 시도를 한다면 판매가 부진할 경우 재고 부담을 고스란히 떠안게 된다.

이미 쇼핑몰 정체성을 찾은 시점이라면 다양한 시도를 해도 좋지만 우리는 완전한 자체 제작 브랜드가 아니기 때문에 대중성이 있으면서도 트렌디한 아이템과 베이직한 아이템 위주부터 제작을 하는 것이 초기 제작에 투자하는 비용과 매출의 균형에 유리하다.

네 번째로 재고를 쌓는 시점이다. 쇼핑몰의 최대 단점은 눈앞의 모든 재고가 '현물 자산'이라는 거다. 한마디로 돈이 물건으로 있다는 얘기인데, 나는 그 광경을 끔찍하게 싫어한다. 굳이 모든 제품의 재고를 한두 개씩 또는 그 이상 쌓을 필요는 없다.

그 제품들을 모두 판매한다면 수익이 나겠지만, 100개의 제품이 사이트에 리스팅되어 있어도 그중에 판매되는 제품은 10개 미만인 경우가 많다. 실제 매출로 이어지는 아이템은 정해져 있다. 그러한 제품들의 재고만 보유하면 된다. 매일같이 배송이 일정량을 유지하며 출고되는 제품이 있다면 충분한 재고를 두어도 거품은 쉽게 꺼지지 않는다.

또한 그렇게 쌓인 재고들 모두 시즌^{계절}이 바뀔 때 저렴하게 원가에 판매해도 좋다. 굳이 특별한 이벤트를 만들지 않아도 고객들은 30~40% 저렴한 금액으로 시즌이 지난 의류를 살 수 있으니 재고 판매로 인한 마케팅의 효과는 괜찮은 편이다. 나도 늘 동대문에서 의류 시즌이 바뀌어 더 이상 판매하지 못하는 아이템이 있는 2월겨울 재고, 5월봄 재고, 8월여름 재고, 10월가을 재고에는 랜덤 박스구매금액에 맞춰 랜덤으로 의류를 구성해 보내주는 방식나 30~50% 할인으로 이벤트를 열어 세일마다 늘 100벌 이상의 재고를 판매하고 있다.

마지막으로는 직원 채용에 관한 문제인데, 대표 혼자 업무를 하다 더 이상 자기 시간이 없다고 느껴지면 직원을 채용하게 된다. 또는 2인 체제로 운영을 하다 둘이서는 역부족이라고 느껴져서 직원을 채용하는 경우도 있다. 나도 혼자 운영하다 1년 뒤에 직원을 채용했는데, 직원 수가 매출의 규모를 확실히 늘려주는 건 아니라는 것을 깨달았다. 연 10억 매출일 때 직원 수는 나 포함 단 3명이었다. 오히려 그 이상의 체제로 돌아갈 때의 매출은 월 3,000만 원도 되지 않았다.

무리하게 직원을 여러 명 채용해서 각자 업무를 줬는데 막상 업무를 분배하다 보니 오늘은 처리할 일이 있는데 내일은 업무가 없는 경우도 잦았다. 그로 인해 자본잠식이나 수입보다 지출

금액에 급여가 더 많은 번 레이트burn rate가 오는 경우도 많다. 당장 직원을 채용해야 한다면 앞으로의 매출 발전 가능성과 업무량을 예측하여 꼭 필요한 직책을 줄 수 있는 사람을 천천히 채용하며 늘려나가야 한다.

직원은 회사의
자산(asset)이다

직원은 회사의 자산이자 팀원이다. 여기서 팀^{team}이란 공통점을 지닌 사람의 집단, 또는 공동의 목표를 가진 사람들의 집단이란 뜻이다. 단지 대표를 보좌하거나 일을 분배하고 위임하는 목적으로 직원을 채용하는 것이 아니다. 회사의 가치 창출을 위해 함께 노력하고 이를 통해 회사의 목표를 달성하기 위해 채용하는 것이다.

나는 직원을 채용할 때 늘 지인 위주로 채용해왔다. 단지 친해서, 함께 일하기 즐거워서, 가족 같은 분위기를 원해서가 아니다. 나의 목표에 좀 더 진지하게 임해주고, 내가 포기하려 할 때에도 누구보다 날 잘 붙들어줄 수 있기 때문이다.

끝내, 당신은 뭐든 해낼 겁니다

직원에게는 소속감을 느끼게 해주는 일이 가장 중요하다. '어떤 일을 위임해야 우리 회사에 소속감을 느낄 수 있을까?'라는 식으로 고민해서는 안 된다. 해당 직원이 어떠한 일을 전문적으로 맡아 하면서 이 회사에 본인이 없으면 안 될 거라는 확신을 받는 게 중요하다.

평생직장이란 건 다 옛말이다. 그러므로 유능한 직원을 오래 데리고 있을 수 있도록 그들이 원하는 비전을 제공해주는 게 회사에게 큰 이득이다. 내가 가장 싫어하는 말은 '직원에게 주인의식을 갖게 하라'라는 말인데, 나는 이런 소리를 하는 사람들을 '꼰대'라고 생각한다.

사업 초반에는 나도 직원이 주인의식을 갖고 주체적으로 일하기를 원했다. 하지만 N잡을 하면서 생각이 완전히 달라졌다. 회사의 주인이 자신이 아닌데 어떻게 주인의식을 가질 수 있을까? 이 시대의 청년들은 전부 나와 같은 생각일 것이다. 그들이 회사에 취업하는 목적은 대표 혼자 세워놓은 회사의 목표를 달성시키고 모두가 함께 뿌듯함과 성취감을 느끼려는 것이 아니다. 직원들은 회사의 목표를 함께 세우고 달성시켜, 그에 맞는 보상을 받거나 연봉과 급여를 인상받기 위해 일을 한다.

법인회사로 키워 스톡옵션이나 주식이라도 나눠 주면 주인의식을 가질 수는 있겠다. 하지만 재화를 판매하는 쇼핑몰 사업자인 우리들은 보통 개인 사업자나 중소기업에서 그친다. 그렇기 때문에 더더욱 직원이 단 한 명이든 두 명이든 또는 그 이상이든, 늘 공정하게 평가하고 보상해주어야 한다.

단 한 명의 직원을 채용하더라도 잡무를 시키지 않고 '웹디'라던가 '엠디' 등의 직책을 주고 그에 맞는 업무를 위임해야 한다. 대표가 자리를 비워도 직원들끼리의 팀워크로 충분히 회사가 굴러가야만 한다. 착한 리더가 되기 위해, 또는 나의 업무를 남에게 맡기는 것이 불안해서 등등, 이런저런 이유로 대표가 자신의 시간과 도움을 나누어주면 직원들의 팀워크는 무너진다.

모든 직원의 의견을 수렴하기 위해 애쓸 필요가 없다는 점도 기억해두자. 대표는 더 좋은 결과를 내기 위해 직원들의 의견과는 반대되는 결론을 내릴 수도 있다. 오히려 이로써 직원들에게 유능한 대표로 인정받을 수도 있다. 혹시 내가 내린 결론이 틀린 답이라고 한다면 자책하거나 후회하지 말고 오히려 틀렸음을 인정하고 옳은 아이디어를 내준 직원들을 칭찬하자. 그럼 그들은 회사를 위해 더 좋은 아이디어로 무장하게 된다. 아무리 작은 회사라도 직원들이 자신의 회사를 타인에게 말할 때 고작 작은 쇼핑몰이라며 부끄러워하지 않도록 성장해야만 한다.

끝내, 당신은 뭐든 해낼 겁니다

쇼핑몰,
1개만 할 필요 없다

여기까지 읽었다면 독자들은 이런 고민을 할 것이다.

'어떤 쇼핑몰을 하지?'

내 대답은 "생각하는 모든 것을 다 해봐라!"이다. 사실 쇼핑몰에는 정답이 없다. 옷을 좋아하고 옷에 대해 잘 아는 사람이라면 의류 쇼핑몰을, 그러면서도 액세서리에 관심이 많다면 액세서리 쇼핑몰을, 슈즈에 관심이 많다면 슈즈를 팔아보자. 아니면 생활용품, 인테리어 소품, 테이블 웨어, 애견/애묘용품 등 여러 가지가 있으니 하고 싶은 게 뭔지 일단 골라서 시작해보자.

나는 쇼핑몰을 처음 차렸을 때 블로그 마켓과 쇼핑몰에 차별성을 두고 시작했다. 블로그에서는 빈티지 구제 제품들을, 쇼핑몰에서는 사입 제품들을 판매했다. 구제 의류에도 관심이 있고 사입 의류에도 관심이 있었지만 두 가지를 합치면 쇼핑몰 자체 분위기를 망치지 않을까 해서 따로 시작한 것이다.

두 마리 토끼를 잡으려다 둘 다 놓칠 수 있다는 게 완전히 틀린 말은 아니지만, 어떻게 잡느냐에 따라 둘 다 놓칠 수도, 한 마리만 잡을 수도, 두 마리를 다 잡을 수도, 뜬금없이 튀어나온 한 마리가 더 잡힐 수도 있다.

내 사업방식은 판매하고 싶은 제품이 생기면 자사몰이 아닌 입점몰의 형태로 우선 시작하는 편이다. 또한 지인 중에 사업이 아닌 제작 제품(핸드메이드 액세서리, 폰케이스 등)을 판매하고자 한다면 해당 제품을 내가 지인에게 구매해서 판매하거나, 내가 운영하고 있는 서브 쇼핑몰에서 판매한다.

다만 나는 잘되는 쪽에 우선적으로 집중하고, 연명이 가능한 곳은 절반의 시간과 노동으로 집중한다. 아예 되지 않는 쪽은 미련 없이 과감하게 버린다. 또한 버린 사업 아이템에 대해서는 다시 도전하거나 아쉬워하지 않는다.

자사몰이 아닌 입점몰의 방식으로 판매하기에 가장 좋은 방법은, 메인 쇼핑몰 1개를 자사몰로 가져가고 서브 쇼핑몰들을 특정 제품이 특화된 카테고리가 있는 플랫폼에서 입점몰의 형

끝내, 당신은 뭐든 해낼 겁니다

태로 가져가는 방법이다. 만약 메인 쇼핑몰을 의류로 시작을 했다면 취미생활인 핸드메이드 액세서리를 판매하려 할 때 서브 쇼핑몰로 핸드메이드 액세서리가 특화된 플랫폼인 아이디어스나 에이블리, 브랜디에 입점한다. 생활용품이나 간단한 식품, 화장품, 뷰티용품의 경우 지마켓, 11번가, 쿠팡 등 오픈마켓에 입점하고, 인테리어 소품이나 테이블 웨어는 스마트 스토어나 텐바이텐, 천삼백케이처럼 아기자기한 제품이 많은 곳에 입점한다. 사이트에서 판매하기에 조금 부담스러운 독특한 의류가 있다면 해외 플랫폼에만 입점한다.

모든 판매처에서 나의 제품이 다 팔리는 건 아닐 것이다. 아예 판매율이 없거나 일주일에 고작 1~5개 내외로 판매되는 서브 쇼핑몰은 제품을 셀렉하는 시간적 노력에 비해 효율이 떨어지므로 바로 퇴점한다. 또는 직접 셀렉하고 촬영하기에 시간과 인력이 부족할 뿐이라면 사진을 제공해주는 업체를 찾거나, 사진 제공은 물론 재고 부담 없이 제품을 고객에게 배송까지 대신 진행해주는 위탁판매가 가능한 업체를 찾아서 부업 형식으로 시작해도 좋다. 도매꾹, 도매매 사이트에 들어가면 그런 업체들을 찾을 수가 있다.

업체에서 제품 사진을 받아 입점몰이나 자사몰을 만들어 올려두고 주문이 들어오면 업체에 요청하여 배송까지 진행하는 방식의 위탁은 한때 많이 유행했기에 이미 하고 있는 사람들이 많지만, 그들은 직장이 있는 상태에서 간간이 하는 부업이고, 우리는 본업인 쇼핑몰이 있는 상태에 추가로 사업의 다각화를 실천하는 것이다. 가격 경쟁이나 키워드에 연연하며 발목 잡히지 않아도 된다.

참고로, 사업자등록증 1개로 자사 쇼핑몰 2개를 운영하는 건 문제가 되지 않지만 네이버 스마트 스토어의 경우 정책상의 이유로 사업자등록증 1개당 1개의 마켓만 운영이 가능하다. 사업자등록증의 경우 등록 개수에는 제한이 없으므로 여러 개의 상호로 발행할 수 있다. 그렇게 해서 현재 내가 가진 사업자등록증은 총 7개가 되었다.

끝내, 당신은 뭐든 해낼 겁니다

Part
6

쇼핑몰
다마고치

2030 여성의류 쇼핑몰
러*** 대표님 이야기

　컨설팅했던 업체 중 가장 빠르게 성장한 쇼핑몰 대표님 얘기이다. 이 대표님은 결혼을 한 30대 후반의 남성으로, 아내분을 모델로 삼아 2021년도 3월에 20~30대 여성의류를 자사몰로 도전하셨다. 창업자금은 단 300만 원이었다.

　운영 3개월 동안 매출은 0원인 상태에, 업데이트된 의류는 단 17벌인 상태로 나를 찾아오셨다. 대표님의 가장 큰 고민은 매출이 성장하지 않는 것과, 마케팅 방법의 갈피를 잡을 수 없다는 점이었다. 대표님은 네이버 공식 광고 대행사라는 업체에 마케팅 비용을 100만 원 정도 사용하신 상태였다.

　수중에 남은 돈은 단 67만 원이었다. 이 정도의 금액이면 주문이 들어왔을 때 사업을 진행하면 더 이상 신상품을 사입할 금액이 없는 정도다. 마케팅 비용의 사용처에 대해 질문하니, 파워링크와 키워드 광고에 사용된 것 같다며, 해당 마케팅비에 대한 광고 지표도 받아본 적이 없다고 하셨다. 더군다나 100만 원이 전부 마케팅에 사용된 것도 아니었고, 30만 원의 대행비가 발생해 실제로 사용된 마케팅 비용은 70만 원뿐이었다.

여기서 의문이 들었다. 공식 광고 대행사를 이용하면 쇼핑몰에서는 따로 금액을 받지 않고 광고비만 발생이 되면서 수수료가 생기는 게 정상이다. 그런데 30만 원, 70만 원을 각기 다른 명의의 통장으로 나누어 이체했다는 말을 듣고, 나는 해당 대행사에 전화를 걸었다. 전화를 받은 건 젊은 남성이었다. 그는 매우 짜증난다는 듯한 말투로 '지표를 달라고 한 적도 없고, 어차피 두 달 전 것은 못 봐요. 그리고 제가 대행비를 30만 원 받은 건 되게 싸게 받은 거예요. 어디 가서 이렇게 광고 못 해요'라고 말했다. 난 이 답변을 듣고 사기라는 걸 알아차렸다.

나는 쇼핑몰을 하면서 광고 업체를 몇십 번이나 바꿔봤지만, 두 달 전 지표를 못 본다는 말은 처음 듣는 허무맹랑한 소리였다. 게다가 이 광고 대행사는 사이트도 없이 개인 번호로 운영이 되고 있었다. 스마트 스토어가 아닌 자사몰로 진행한 것이라 실제로 광고가 어떻게 진행되었는지도 모르는 상태였고, 환불이 되지 않는다는 조악한 계약서까지 작성한 터라 환불받을 수도 없는 상황이었다.

나는 바로 대표님께 솔직히 말씀드렸다.

"이미 사용하신 금액은 받을 수 없으니, 남은 67만 원으로 매출을 670만 원까지 올려봅시다."

대표님의 사이트를 들어가 보니 보편적인 20~30대 여성의류와는 맞지 않게 박시한 사이즈에 우아한 느낌의 원피스가 많았고, 체형이 커버되는 형식의 밴딩 바지 위주로 채워져 있었다. 촬영 장소 또한 아파트 단지 앞이나 공원 사진이 많았다. 동갑내기 아내분이 모델인 데다가, MD 업무까지 하신다고 하니 의류를 초이스하는 과정에서 아내분의 취향이 강력하게 들어간 것 같았다.

나는 두 가지 선택지를 제안했다.

1. 연령층을 30~40대로 올리는 방법(스마트 스토어 입점, 오픈 마켓 위주 입점)
2. 패션 공부를 하거나 젊은 MD를 기용해 20대 의류를 판매하는 방법(지인 찬스 및 직원 구인, 에이블리와 브랜디 등 패션 플랫폼 입점)

끝내, 당신은 뭐든 해낼 겁니다

대표님은 일주일이나 고민하신 후 연락을 주셨다. 답은 2번이었다. 아내분의 동생이 28살이고 트렌드에도 민감하기 때문에 한동안 의류 초이스와 모델 일을 도와주기로 했고, 얼굴 없이 촬영을 하기로 했다고 하셨다. 정말 희소식이었다. 직원을 구하려면 돈이 많이 들어가기 때문에 현재의 재정 상태로는 많이 어려울 거라 생각했기 때문이다. 그런데 마침 가족이 도와주기로 했다니!

제로부터 다시 시작해야 하기 때문에 사이트에 업로드된 의류는 모두 품절시키고 삭제했다. 재촬영이 필요한 제품들은 야외 촬영을 하지 않고 대표님 집의 빛이 가장 잘 들어오는 방 한 곳의 벽을 화이트로 페인팅하고 바닥에는 그레이 단색의 시트지를 깔아 간이 스튜디오를 만들고 촬영을 하라고 말씀드렸다. 얼굴이 나오지 않으니 삼각대로도 충분히 촬영이 가능하고 동생분이 평소 온라인 쇼핑을 즐겨하는 터라 어떤 스타일로 촬영을 해야 예쁘게 나오는지 잘 아시는 것 같았다. 그리고 신제품을 초이스하는 과정에도 관여를 해서 더욱 괜찮은 아이템이 늘어났다.

남은 67만 원을 어떻게 사용하면 좋을까 생각하던 와중에 대표님 부부가 그동안 블로그 부업을 통해 돈을 벌었다며, 100만 원 정도 더 사용이 가능할 것 같다고 하셨다. 마침 다행이었다.

신상을 사입하는 것보다 샘플로 받아서 촬영을 하는 게 금액적으로 이득일 것 같아서 평소에 알고 지내던 샘플 삼촌을 월 40만 원에 소개해드렸다. 그리고 대표님은 10개의 매장에서 각 2~3개씩 샘플을 받아서 전부 2주 만에 촬영을 완료하셨다.

포토샵 작업이 더디셨기 때문에 액션을 만들어 보정 과정을 복사해 붙여넣기하는 기능을 알려드렸더니, 평소 1코디에 보정 작업만 3시간이나 걸리던 것을 30분으로 단축시키셨다.

7월까지 모든 작업을 마치고 에이블리와 브랜디에 입점 승인을 받자마자 제품들을 업로드하기 시작했다. 대표님은 자사몰을 카페24로 운영 중이셨는데, 자사몰에만 업로드하면 타 플랫폼으로 자동 전송되는 마켓 통합 관리라는 시스템을 월 33,000원의 비용이 아까워 사용하지 않고 있다고 하셨다. 나는 바로 결제를 추천했다. 초보자의 경우 1개의 제품을 3가지 마켓에 업로드하는 데 걸리는 시간이 최대 1시간은 된다. 그러나 이 기능을 사용하면 단 30분 이내로 줄일 수가 있다.

모든 제품은 1.8배의 금액으로 업로드를 하고 인스타그램 오피셜 계정도 생성했다. 배경에 소품이 없는 밋밋한 삼각대 셀프 피팅이기 때문에 피드의 통일감을 주기 위해 동일한 포즈를 메인으로 사진을 50장까지 올려두었고 '#20대 직장인 코디' '#한

강 데이트룩' 같은 특정 해시태그를 이용해 팔로워를 유입시켰다. 빠른 속도로 늘진 않았지만 하루에 10~20명씩은 꾸준히 새롭게 팔로우를 했다.

인스타그램 릴스 작업도 놓치지 않고 진행했다. 20대 직장인 코디 모음집으로 다양한 오피스룩을 빠른 컷으로 편집하고 가장 유행하는 릴스 노래를 깔자, 단 이틀 만에 릴스 조회수가 3만이 넘어가게 됐다. 다만 사이트와 플랫폼에서는 아직 매출이 발생하지 않아 우리는 미끼 상품을 3개만 걸어두기로 했다. 타사에도 판매하는 제품을 가장 저렴하게 노마진으로 올리는 방법인데, 초반에만 업무량에서 손해를 보게 되고 나중에는 다른 제품들도 덩달아 서서히 판매가 이루어져 마켓 찜이나 즐겨찾기 수가 빠르게 늘어날 수 있는 방법이다.

기본 셔츠와 프릴이 달린 블라우스, 기본 H라인 롱스커트 3개로 상품을 선택했고, 3가지 제품에 모두 원가 + 배송비 + 판매처 수수료 + 세금 + 1500원종합소득세 대비만 붙여서 판매를 시작했다. 제품명 기재 방식도 '베이직 셔츠5 color'에서 '[특가 + 직장인] 베이직 기본 셔츠5 color' 등으로 수정했다.

예상대로 빠르게 판매가 일어났고 다른 제품들도 서서히 판매되기 시작했다. 컨설팅 기간이 끝난 후에도 대표님은 스타일을 잃지 않고 인스타그램 활동도 꾸준히 하셨고 다양한 미끼 상품과 프로모션을 많이 진행하셨다.

그리고 2022년 1월에 연락이 왔다. 월 매출이 1,000만 원까지 올라갔다는 지표와 쌓여 있는 택배 봉투를 찍어서 치킨 기프티콘과 함께 보내주신 것이다. 월 매출 0원에서 월 매출 1,000만 원까지, 겨우 6개월이 걸렸다. 덕분에 대표님의 성장 일기는 내 수업에도 많이 인용되고 있다.

1020 여성의류 쇼핑몰
제** 대표님 이야기

이번 대표님은 나와 동갑내기이다. 쇼핑몰은 2020년도 1월에 시작하셨지만 학업에 전념하느라 약 1년간은 운영을 하지 않고 있던 상태였다. 그런데 2021년 2월에 재오픈을 했을 때 갑자기 매출이 급상승하는 것이 의아하다고 하셨다. 내가 봤을 당시의 첫 매출은 월 3,000만 원이었다.

알고 보니 대표님은 개인 계정 팔로워가 9만 명이나 되는 인플루언서였다. 스마트 스토어만 운영하고 계셨던 터라, 자사몰로의 확장과 매출이 조금씩 늘며 생겨난 업무 루틴에 대한 고민을 상담받고 싶어 하셨다.

대표님의 업무 상황을 들어봤다. 오전 9시에 삼촌을 통해 물건이 들어오고 같은 시간대에 대표님도 출근을 하셨다. 제품 사진을 보정하고 업로드 아르바이트를 하는 친한 친구만 1명 있고, 직원은 따로 없었다. 택배 작업이 끝나면 오후 3시가 되는데, 평일에는 촬영을 갈 시간이 없다고 하셨다.

택배가 하루에 약 50박스 미만으로 출고되는데 6시간이나 패킹 작업을 한다는 게 의아했다. 실제로 가서 제품을 접어 폴리백에 넣기까지 10분이 넘게 걸리는 걸 보고 경악했다. 구겨지지도 않은 쉬폰 원피스를 스팀 다림질을 해서 접고, 마음에 안 들면 다시 접고, 폴리백에 들어간 모양새가 별로면 다시 꺼내어 접고를 반복했다. 또한 폴리백에 패킹을 진행한 후 습자지로 2차 패킹을 하고, 노끈으로 묶어서 손편지까지 끼워 주고 계셨다.

얘기를 나눠보니 성격이 원래 꼼꼼하신 분이었다. 정사각형으로 접지 않으면 불안하다고 하셨다. 나는 그 꼼꼼함을 과감히 버리시라고 말씀드렸다. 물론 의류를 뒤집어서 안감까지 검수하는 건 좋지만, 접히는 모양새까지 신경을 쓰면 나중에 택배가 100박스씩 나갈 때에는 12시간씩 패킹을 하게 될 터였다. 그건 말도 안 되는 일이었다.

택배 작업만 빨리하면 좋을 것 같은데, 대표님은 절대 바뀌지 않으실 것 같았다. 결국 풀필먼트^{fulfillment. 입고부터 보관, 출고, 배송까지 맡아} 서 해주는 물류대행 서비스 사용을 추천했다. 이 정도 택배량이면 택배 아르바이트를 구하는 비용보다 수수료가 있는 풀필먼트를 사용해서 택배 발송을 대행하는 게 나을 것 같다고 말씀드렸더니, 며칠 뒤 흔쾌히 진행하셨다.

이제 사무실에서 택배를 출고하지 않아도 되니 오전 9시에 출근을 할 이유도 없어졌다. 밤에는 인터넷 생방송을 하시기 때문에 취침 시간을 늘려드리고자 오전 10시 출근으로 바꾸는 것을 추천해드렸고, 주말에 이틀 연속으로 촬영하던 시간을 평일로 당겨 주말에 개인 시간도 확보해드렸다. 그 뒤로 평일 화~수에는 촬영을 진행하셨고 수~금에는 업로드를 진행하게 되셨다. 편안하고 여유롭게 촬영하다 보니 사진의 퀄리티도 좋아졌고 아르바이트와 함께 포토샵 작업을 하게 되어 업데이트 속도도 빨라졌다. 이미 팬층이 두터워 조금의 홍보에도 매출은 빠르게 오르기 시작했다.

이제 자사몰을 만들 차례였다. 대표님은 호스팅사의 개념을 전혀 모르고 계셨던 터라, 사이트를 구축하는 데 약 300~500만 원이 든다고 생각하고 계셨다. 바로 카페24를 추천해드렸고, 도메인 비용은 22,000원, 스마트 스토어와 자사몰의 제품 연동을 위해 마켓 통합 관리 시스템을 이용하는 비용 33,000원, 카드 결제 구축비는 카페24 이벤트로 무료로 신청했고, 모바일과 PC 버전 디자인을 도합 23만 원에 구매했다. 제품은 모두 스마트 스토어에서 자사몰로 연동하여 리스트해뒀다.

홍보에는 따로 광고비 지출보다는 현재 활동 중인 개인 SNS 와 다양한 채널을 이용하는 게 훨씬 도움이 될 것 같아 오피셜 계정은 따로 만들지 않기로 했다. 컨설팅 방법은 적중했고, 2022년 4월 기준으로 스마트 스토어와 자사몰을 포함한 월 매출이 5,000만 원을 넘어가고 있다고 근황을 전해주셨다. 더불어 에이블리와 브랜디, 지그재그 및 해외 플랫폼까지 확장할 예정이라고 하신다.

30대 남성의류 쇼핑몰
오**** 대표님 이야기

마지막으로는 꿈과 열정에 가득 찬 30대 후반의 대표님이다. 내 수업을 처음 들으러 오셨을 때에는 쇼핑몰을 오픈하고자 마음만 먹은 지 10년이 되었다고 하셨다. 내 기억에는 20대 초반부터 식당, 주점, 카페, 철물점 등 다양한 사업에 실패한 뒤 온라인 비즈니스를 위해 많은 공부를 하신 상태였다. 안타깝게도 이미 잦은 사업 실패로 인해 빚이 적지 않게 있으셨다.

빚을 갚기 위해 평일 택배 상하차 업무와 저녁 배달 아르바이트를 하면서 쇼핑몰 사업처에 들어가볼 일이 많으셨는데, 젊을 때의 꿈에 다시 도전하고자 자주 방문했던 쇼핑몰 사무실에 택배 포장 직원으로 취직하여 직원들 어깨 너머로 많은 것을 배워서 오셨다. 덕분에 쇼핑몰이 돌아가는 구조는 이미 정확히 파악한 뒤라고 하셨다.

수업을 진행하며 함께 필요 서류를 준비하고, 수업이 끝난 밤에는 수강생들과 함께 시장조사에도 참여하셨다. 곧 마흔이 가까운 나이라 스타일을 잡는 것에 고민이 많으셨는데, 요즘 유행하는 '훈남' 스타일을 판매해야 하는지, 40대를 위한 편한 제품을 판매해야 하는지, 아니면 정장 쇼핑몰을 오픈해야 하는지 한 달이 넘게 고민하셨다.

나는 과감하게 30대 댄디룩을 추천해드렸다. 내가 본 대표님은 평소에 댄디한 룩에 관심이 많고 늘 깔끔한 정장 차림으로 수업에 참여하셨으며, 본인을 충분히 꾸밀 줄 아시는 분이었다. 때문에 직접 모델을 하셔도 좋을 것 같다는 생각이 들었다. 짧은 고민 끝에 대표님은 나의 권유대로 스타일을 결정하셨다.

사입과 업로드는 전혀 문제가 되지 않았지만 대표님의 가장 큰 문제는 사진이었다. 직접 모델을 해야 하는데 사진에 찍혀본 적이 없던 터라 뻣뻣한 피팅 컷이 옷의 감성을 살려주지 못했다. 더군다나 돈을 아끼기 위해 집에 종이로 된 배경지를 설치하여 촬영을 하셨는데, 촬영과 포토샵에 모두 미숙해 삼각대와 휴대폰으로만 촬영하다 보니 배경지의 구김이 그대로 사진에

담겼고, 조명 활용에 실패해 특정 부분만 밝게 연출됐다.

내가 제시한 해결책은 '업로드 기간은 길어도 좋으니 최상의 퀄리티로 촬영하여 이 사이트 자체를 하나의 댄디룩 브랜드처럼 보이게 하자!'였다. 택배 업무를 하며 까맣게 태닝된 피부와 실전 근육으로 다져진 대표님을 집에서만 촬영하게 둘 수는 없었다. 비용이 들어가긴 했지만 호리즌 스튜디오를 추천해드렸고, 피팅 촬영을 전문으로 하는 포토그래퍼를 이용하시는 것도 권유했다.

완성본을 받아보니 다양한 레퍼런스를 보며 포즈를 연구하신 티가 났다. 촬영은 성공적으로 마쳤는데, 상세페이지가 문제였다. 포토샵을 아무리 독학으로 공부한다 해도 상세페이지 디자인은 누구나 쉽게 할 수 있는 게 아니었다. 나는 다양한 프레임을 제공해주는 카페24의 에디봇 기능과 키위 스냅의 상세페이지 제작 툴을 이용해서 더 손쉽게 제작을 하실 수 있게 도와드렸다. 완성된 상세페이지는 전혀 사입식 일반 보세 제품 같지 않았고, 마치 직접 제작을 한 브랜드 의류처럼 멋져 보였다.

이렇게 쇼핑몰은 완성시켰으나 제품군의 스타일이 워낙 특색이 있다 보니 소비자를 끌어올 방법 또한 쉽지 않았다. 일상 사진으로 홍보하는 인스타그램 게시글보다는 영상 매체를 활용하는 것이 좋을 것 같아서 유튜브와 틱톡, 릴스를 알려드렸고 유튜브에서는 의류를 갈아입는 형식의 룩북과 틱톡에서는 그 룩북을 편집하여 15초 안에 6가지 룩을 한 번에 보여주는 편집으로 쇼핑몰을 홍보했다. 워낙 스타일이 좋으시다 보니 구독자와 팔로워가 빠르게 늘어났다. 오픈 후 첫 달 매출은 500만 원 정도가 발생했다.

1년 정도 지난 현재, 오랜만에 연락을 드려봤더니 매출을 공개할 수는 없지만 빚은 전부 상환했다고 하셨다. 단골손님이 많이 늘어 사입 제품의 비중은 줄이고 의류와 넥타이를 직접 제작하여 쇼핑몰 네이밍도 수정하고 정장 브랜드로 전환하는 과정을 밟고 계신다고 한다.

끝내, 당신은 뭐든 해낼 겁니다

이 책을 쓰기까지에는 고민이 많았다. 내가 책을 쓸 여유가 있을까? 내가 그렇게 전문지식이 해박할까? 아직 어린 내 조언들이 도움이 될까? 많은 걱정이 있었지만 지금이 아니면 쓸 수 없을 것 같았다. 근래에 몇 번이고 실패했던 사람으로서 할 수 있는 조언들과 실패의 경험담, 그것을 극복하고 목표를 성취해내는 이야기들은 시간이 지나면 왜곡되어 진솔하게 할 수 없기 때문이다.

아무래도 10년간 같은 일을 한다는 것은 고객의 발길이 끊이지 않는다는 것인데, 분명 매우 감사한 일이지만 반대로 이제

와서 그만두면 실패로 간주되기도 하기에 상당한 부담감도 갖고 있다.

나 또한 분명히 한 가지 일을 계속하면서 포기하고 싶은 순간들이 정말 1,000번 넘게 있었을 것이다. 충분히 힘들거나 지친 상태에서는 포기할 수도 있는데, 나는 포기라는 이름으로 포장된 실패를 하는 것이 두려웠다. 겪어보니 힘든 것은 한 순간이고, 그 기간은 살아갈 시간에 비해 생각보다 짧다. 마치 그 때문에 인생이 무너져 내릴 것만 같아도 지나고 보면 살면서 겪을 수만 가지 시련 중에 하나일 뿐이다. 당연히 누구나 어떤 방면에서든 완벽히 해내는 모습을 보여주길 원한다.

하지만 과한 욕심, 과한 목표보다는 당장 할 일을 쪼개어 하나씩 해내는 것부터 시작하자. 그래도 일이 틀어졌다면 좌절하지 말고 처음부터 너무 완벽한 것을 원했던 게 아닌지 되짚어보자.

나는 지금도 늘 포기하고 싶은 순간이 생기면 집에서 조금 떨어진 중랑천으로 나간다. 이전까지 나는 잠을 자는 것 또는 친구를 만나 수다를 떠는 것이 현실을 도피하는 방법이라고 생각했지만 내게 맞는 방법은 그게 아니었다.

이어폰은 주머니에 넣고 소리에 집중하며 정처 없이 중랑천을 따라 걷는다. 바닥을 밟는 내 발자국 소리, 귀뚜라미 소리, 잔

잔한 물소리, 지나가는 사람들의 사는 이야기, 평소에 귀 기울이지 않던 다양한 소리들을 듣는다. 이때만큼은 평소에 신경 쓸 겨를도 없던 나에게 집중을 하게 되고 매일 반복되는 내일이 온다는 무게감에 잠을 설치던 나를 되돌아보게 된다.

지금 당장 힘들어서 버텨낸다면 버티는 삶이 익숙해져 살아온 날보다 버텨내야 할 시간들만 더 늘어난다. 그래서 나는 버텨내지 않고 이겨내기로 했다. 이겨낸다는 것은 학습이나 노력으로 얻어지는 게 아니다. 어떤 가벼운 생각의 전환이나 장소의 변화가 지금의 순간들을 소중하게 바꾸고 좋은 아이디어를 떠올려 더 나아갈 수 있는 원동력이 만들어지는 선순환이 된다.

나는 모든 사람들이 어떤 것이든 간절히 원하고 바라면 못하는 것이 없다는 것을 믿고 있다. 그리고 원하는 목표나 결과를 얻기까지 범한 많은 실수들은 당신을 더 단단하게 만들어줄 것이다.

그리고 끝내, 당신은 뭐든 해낼 것이다.

끝내, 당신은 뭐든 해낼 겁니다

ⓒ 메리아빈(김아빈) 2022

초판 1쇄 인쇄 2022년 8월 29일
초판 1쇄 발행 2022년 9월 7일

지은이	메리아빈(김아빈)
편집인	권민창
책임편집	이람
디자인	한혜주
책임마케팅	김성용, 윤호현, 김태환
마케팅	유인철, 이주하
제작	제이오
출판총괄	이기웅
경영지원	김희애, 박혜정, 박하은, 최성민

펴낸곳	㈜바이포엠 스튜디오
펴낸이	유귀선
출판등록	제2020-000145호(2020년 6월 10일)
주소	서울시 강남구 테헤란로 332, 에이치제이타워 20층
이메일	mindset@by4m.co.kr

ISBN   979-11-92579-13-9 (13190)

마인드셋은 ㈜바이포엠 스튜디오의 출판브랜드입니다.